# L'EFFET LOUISE

Caroline Boudet est journaliste, mère de deux enfants. Elle a écrit son premier livre, *La vie réserve des surprises*, sur sa cadette, Louise, porteuse de trisomie 21.

*Paru au Livre de Poche :*

JUSTE UN PEU DE TEMPS
LA VIE RÉSERVE DES SURPRISES

CAROLINE BOUDET

# *L'Effet Louise*

STOCK

ISBN : 978-2-253-10147-5 – 1re publication LGF

*À Myriam*

# *Prologue*

## La grosse commission

Vingt regards sont braqués sur moi. Ils m'écoutent, tous, et je me demande ce que je fous là, avec l'impression d'être une mauvaise comédienne dans le remake franchouillard et sans le sou d'une série judiciaire américaine. Je suis la Alicia Florrick du pauvre, la Ally McBeal à deux francs six sous, la Dana Scully d'une sous-préfecture quelconque.

Je suis « la maman de Louise » et je passe en Commission des droits et de l'autonomie des personnes handicapées. Je suis en CDAPH.

Ça claque, non ?

Je-suis-en-CDAPH. Petits talons et robe sobre, Rémy à mes côtés en costume sombre, devant moi un carnet pour me donner une contenance quand « ils » parleront et, posé légèrement à ma gauche, un classeur de douze centimètres d'épaisseur qui résume le plus chiant de trois ans de vie, le dossier administratif et médical de ma fille, Louise.

Je-suis-en-CDAPH, dans une salle sans fenêtre, à quelques centaines de mètres des tours de la Défense, transpirante sous l'effet combiné de la chaleur de ce mois de juillet et de mon niveau de stress stratosphérique.

Je-suis-en-CDAPH, face à des personnes qui représentent chacune une association, une structure, un organisme public, tout l'univers du handicap en échantillon représentatif, ceux qui sourient ceux qui sont sérieux ceux qui lèvent un sourcil ceux qui posent des questions ceux dont le regard dit juste : « Courage, tenez bon, je sais, moi aussi. » Tous ceux qui décident.

Je-suis-en-CDAPH et pas à un sommet de l'Otan. Pourtant une voix en moi a envie de rire, celle qui ne peut s'empêcher de prendre un pas de recul dans ce genre de situation hypercodifiée, et cette moi moqueuse murmure : « Alors, on va se le négocier, ce traité bilatéral ? »

Je-suis-en-CDAPH et l'autre voix, plus calme, celle qui se raconte des histoires au fur et à mesure qu'elle les vit, se souvient que nous ne sommes là « que » pour décider du nombre d'heures d'aide humaine que l'on va attribuer à une gamine de trois ans pour sa première rentrée en maternelle. Tout ça. Vingt personnes, des dossiers de vingt pages photocopiés trois fois, une heure de temps de vie multipliée par vingt individus multipliée par les heures de préparation desdits dossiers, les échanges par mail, par courrier et par téléphone. Tout ça pour régler au millimètre les conditions d'entrée de ma fille à l'école de la République.

Ma petite Louise, trois ans, deux bras, deux jambes et toujours ce foutu chromosome en plus.

*

Au début, au tout début, j'ai sincèrement cru que le pire, dans la trisomie 21, ce serait le handicap lui-même. Ouvrez vos Larousse, cherchez le H, recadrons ce qu'est un handicap : « Infirmité ou déficience, congénitale ou acquise » et par extension « Désavantage souvent naturel, infériorité qu'on doit supporter ». C'est assez clair : tu nais avec un handicap, ou tu acquiers ce handicap en raison d'un accident de la vie. Ensuite, tu es désavantagé par rapport aux autres : tu as un handicap. Et comme nous vivons dans un pays drôlement bien fait, où l'égalité ET la fraternité constituent les deux tiers des valeurs fondamentales, la société t'aidera à compenser ce handicap, via des systèmes de solidarité.

J'aime cette définition : elle est carrée, elle marche bien et elle apaise.

C'est la définition du dictionnaire et celle des lois. Celle des codes, de l'écrit, de la théorie. Malheureusement, nous ne vivons pas en Théorie, nous vivons en France. Et ces trois années passées avec Louise dans le monde parallèle du handicap, qui m'était encore tout à fait étranger avant qu'elle pointe son nez, ont été un parcours initiatique et accéléré sur le thème « Voyage en réalité, ou le handicap au quotidien ».

La réalité, donc, c'est que ce ne sont ni les limites de Louise ni sa lenteur à avancer sur le chemin de l'enfance, à communiquer, à marcher, à manger seule, à faire ses besoins, à dessiner un bonhomme patate ou à chanter une chanson qui sont des problèmes au quotidien. Tout ça, ce sont juste des tas de cailloux sur sa route, que l'on peut réussir à déblayer devant ses pas, jour après jour, avec nos petites pelles de parents. Le regard des autres ? Les questions, les clichés ? Durs aussi, ceux-là : ce sont des trous, des chausse-trappes qui peuvent faire trébucher si tu ne les as pas vus venir et que tu avances d'un pas gaillard. Mais là encore, rien d'impossible, on peut apprendre de ses chutes et combler les creux de la chaussée pour la prochaine fois, pour que le chemin de Louise soit plus facile.

Non, le vrai « handicap », celui qui peut te faire pleurer le soir, seule dans ton lit, avec presque autant de peine que lorsque tu as appris le diagnostic de ton enfant, l'ennemi qui t'envoie te mettre en boule dans un coin à te répéter « je n'y arriverai pas, on n'est pas assez fort », c'est le système. Celui-là même qui, « en théorie », est censé t'aider, mais, « en France », pèse souvent bien trop lourd sur tes épaules. C'est comme une vie parallèle dont tu apprends les bases, aux côtés de ton enfant, une vie en noir et blanc, faite de photocopies, de dossiers de plusieurs kilos, de certificats médicaux, de relances par courrier par mail par téléphone, d'attente, d'absence de réponse, de demande de pièces supplémentaires. Cette vie en noir et blanc, ça va devenir la tienne, autant que celle que tu expérimentes en couleurs, au jour le jour, avec ton enfant, la vie des émotions, la vie arc-en-ciel, pas toujours rose, pas tout à fait brun sombre non plus, cette vie changeante mais chatoyante, la vraie vie en somme.

La vie en noir et blanc, on te la colle, on t'assomme avec, et il va falloir t'y faire parce que c'est parti pour toujours, vu que ton souhait n'est ni de t'expatrier (quoique… mais on en reparlera) ni de vivre en autarcie à élever des chèvres en famille (quoique… mais on en reparlera aussi).

Le handicap, c'est la vie en noir et blanc que l'administration te force à avoir si tu souhaites que ton enfant ait les meilleures bases pour partir dans la vie. La vie en noir et blanc, c'est la vie « en itinéraire bis » que connaissent les parents et les familles de personnes handicapées, une fois leurs portes closes, celle dont ils ne vous parlent pas forcément, parce que c'est si compliqué à expliquer. La vie en noir et blanc, c'est celle qu'on subit « parce qu'il faut bien », qui est devenue un de tes nouveaux devoirs parentaux, celui que tu essaies d'expédier au plus vite pour aller retrouver la vie en couleurs avec tes enfants. Mais c'est celle qui te rattrape à chaque tournant.

La vie en noir et blanc, la face B du handicap, celle que personne n'a très envie de voir, encore moins de vivre, c'est celle que je vais essayer de raconter ici. En n'oubliant jamais « la vie, la vraie », qui permet de tolérer et de continuer à avancer malgré le reste. Alors ouvrons l'album photo, et feuilletons-le ensemble, entre instantanés joyeux aux couleurs explosives et clichés officiels d'un noir et blanc clinique.

## Rose layette : la crèche

La crèche. Trois ans de couleurs pastel comme les murs, vert bleu rose, de cet établissement qui a fait notre quotidien, du premier jour en « section bébé » aux difficiles adieux à la fin de la « section des grands ». (J'ai toujours eu une petite tendresse pour ce terme de « section », j'imaginais nos gamins, en couche, alignés pour le rassemblement aux couleurs chaque matin, devant la levée du drapeau « biberon et pâte à modeler », la main sur le cœur, chantant l'hymne des crèches : « Frappe, frappe, petite main, tourne, tourne, joli moulin. »)

Premier jour, un lundi 31 août. Louise a huit mois et fait son entrée officielle dans la vie en collectivité. J'ai apporté son paquetage (vêtements de rechange, biberon, doudou choisi au hasard puisque la demoiselle n'a pour le moment aucune préférence). J'ai dans les bras les sept kilos de ma petite brune, et dans le dos les quelques tonnes de mon angoisse maternelle de la séparation. Je suis plutôt en confiance : notre premier contact avec cette crèche de quartier, lors de notre rencontre avec la directrice, a été rassurant et chaleureux. Louise est attendue avec plaisir au milieu de ses camarades « ordinaires » (oui, on dit ça, c'est plus joli que

« valide », on peut dire « typique » pour s'inspirer des Anglais, si vous préférez) et la directrice nous a assuré que le personnel vivait comme une chance, une opportunité de s'améliorer professionnellement le fait d'accueillir une enfant avec handicap. Mais un point d'interrogation demeure pour moi. J'ai beau relativiser en permanence « ces histoires d'instinct maternel qui sont des constructions sociales », j'ai besoin d'avoir un bon feeling pour laisser mes enfants dans les bras de quelqu'un, qui plus est pour toute une journée. Aujourd'hui, premier jour de l'adaptation, je vais rencontrer la « référente » de Louise : chacune des auxiliaires de puériculture est responsable de quatre bébés dont elle s'occupe au sein de la section qui compte une vingtaine d'enfants. Pour le moment, tout ce que je sais de celle qui donnera le biberon à ma fille, la changera, l'endormira, pour l'année à venir, est qu'elle s'appelle Véronique.

La voici. Je sais maintenant qu'elle est jeune, chaleureuse, rassurante, souriante. Et qu'elle passe rapidement, avec brio, le « test maternel du feeling » : elle prend Louise dans ses bras et je sens aussitôt que ça va bien se passer, que je vais pouvoir aller travailler sans m'inquiéter aucunement pour ma fille. Les deux font connaissance. Louise, dans ses bras, la fixe de ses yeux en amande. Je glisse, toujours aussi maladroitement, ma question de maman néophyte en handicap : « Et… ça va, ça ne vous pose pas de problème qu'elle ait un handicap ? N'hésitez pas à me le dire et à me poser des questions, surtout. » (Oh, ça va, ne jouez pas les âmes choquées ! Il n'y a rien de moins évident, les premiers mois, que de parler avec la bonne distance et les mots justes de la différence de son enfant, et je ris moi-même maintenant du tas de conneries pataudes que j'ai bien pu lancer.)

Véronique me répond la phrase magique, qui vient ranger cet instant dans mon catalogue des « moments que je n'oublierai jamais même dans cinquante ans si je suis toujours là » : « Mais non voyons, pas du tout, pour moi c'est avant tout une enfant, avec les mêmes besoins que les autres. Ça va bien se passer. » Elle, au moins, a su sortir les mots clés de sa poche.

L'adaptation se déroule impeccablement, et au bout d'une semaine d'augmentation progressive de sa présence à la crèche, Louise est prête pour y rester cinq jours à temps plein, comme une « grande ». Au début, lors des premiers mois, il y a peu de différences entre elle et les autres bébés, à part peut-être qu'elle dort davantage, enquillant parfois des siestes de quatre à cinq heures. Son quotidien est tout à fait « ordinaire » : biberons, changes, câlins, petits temps sur les tapis d'éveil avec de la musique, etc. Les écarts se creuseront avec les mois et les années, quand les copains feront tous leur « premier » quelque chose : premiers retournements du dos sur le ventre, premières positions assises, premiers redressements vers la position debout, premiers pas, premiers mots, et que Louise, elle, prendra son temps et suivra, mais de plus en plus loin derrière...

Que de souvenirs, quel arc-en-ciel d'émotions, ces années crèche. Il y aura eu les couleurs « comme tout le monde », le rouge stress des appels téléphoniques pour signaler la fièvre et les pleurs, les virus qui s'enchaînent lors du premier hiver, le rose vif du

Doliprane en sirop, partenaire incontournable de ces premiers mois en collectivité, le gris sombre de deux courtes hospitalisations pour pneumopathie, résultats des bronchiolites saisonnières.

Les couleurs beaucoup moins comme tout le monde se sont enchaînées aussi, avec ces moments de doute où l'on a dû réfléchir et discuter pour la première fois de « la » question : serait-il mieux pour Louise qu'elle suive ses petits copains en section moyens alors qu'elle ne rampait pas encore et que la plupart assuraient le quatre-pattes, voire tentaient leurs premiers pas, ou valait-il mieux la ménager et éviter tout incident (Louise bousculée, piétinée, effrayée) en la maintenant un an de plus avec les « bébés » où elle aurait certes été la plus âgée, mais dans le même créneau de développement ?

Pas facile d'évoquer ces questions qui dessinent déjà les douloureux conseils de classe avec redoublement à la clé, alors que l'enfant a à peine un an au compteur. Heureusement, toutes ces discussions ont été tenues dans la bienveillance, et autour de la table, nous, les parents, avons été rassurés par les avis de l'équipe, mais aussi de l'orthophoniste, de la kiné et de la psychomotricienne de Louise.

Ah oui, car j'oublie de vous dire, durant cette première année le quotidien de Louise à la crèche a changé. Au fil des mois, nous avons constaté que les séances de milieu d'après-midi au CAMSP (Centre d'action médico-sociale précoce) ne semblaient profitables ni à elle ni à nous. Rémy et moi posions chaque semaine, tour à tour, une demi-journée de RTT pour foncer la chercher à la crèche, la récupérer pas forcément bien éveillée de la sieste qui se terminait, la caler dans la voiture, enquiller dix minutes de trajet et quinze minutes à chercher une place de stationnement, avant d'arriver transpirants, soufflants et stressés pour une séance d'orthophonie et psychomotricité pas toujours très heureuse, selon que la miss avait envie d'y participer ou pas. Trop de fois j'en suis repartie découragée, en larmes, avec le sentiment que « tout cela ne servait à rien de toute façon ». Lorsque le centre nous a annoncé qu'ils n'avaient plus de créneau en orthophonie et qu'il serait bon que l'on recherche quelqu'un en libéral, cela a été comme un déclic. J'ai écumé les Pages jaunes, Google et les forums pour rechercher une professionnelle qui, si c'était possible, accepterait de se déplacer à domicile ou à la crèche. Après une bonne quinzaine de coups de fil, la pépite était trouvée. Cinq tentatives malheureuses avec des kinés par ailleurs, nous avons trouvé la bonne aussi, avec la même formule.

Et c'est ainsi que « la team Louise » est née. On ne s'appelle pas la team Louise entre nous, n'allez pas me prendre pour une supporter hystérique de ma fille qui l'applaudit sur le bord du terrain pendant qu'elle fait ses exercices. Mais j'aime cette idée réconfortante que nous avons réussi à rassembler, et surtout caler et organiser une équipe stable et impliquée qui suit Louise, la connaît bien, a vu son caractère évoluer, sait comment la motiver ou inversement à quel moment ça n'est plus la peine de lui demander un effort supplémentaire, et communique avec nous. Ainsi, au bout de la première année un peu chaotique, s'est mis en place un rythme assez carré pour ma fille : lundi kiné, mardi orthophonie, un mercredi sur deux re-kiné, jeudi orthophonie et vendredi ou samedi psychomotricité.

Je sais ce que vous pensez. Quel agenda pour une enfant de deux ou trois ans ! Ce n'est pas nous qui l'avons inventé, nous ne dopons pas Louise, n'avons aucune intention d'en faire une Wonderwoman et ne la préparons pas pour des championnats du monde dans douze ans. Toute cette « intervention précoce » est la base recommandée par les professionnels pour un enfant avec trisomie 21 : kinésithérapie pour l'aider à contrer les effets de son hypotonie musculaire et de son hyperlaxité qui la ralentissent, notamment vers la marche et tous les progrès moteurs si simples pour un enfant ordinaire ; orthophonie pour l'aider à muscler ses joues, sa bouche, sa langue pour les mêmes raisons, et lui donner de premiers moyens de communiquer en attendant que les mots lui viennent ; et psychomotricité pour travailler les gestes, la coordination.

La tête dans le guidon, c'est devenu notre quotidien, et j'ai souvent oublié à quel point il n'est pas ordinaire, son agenda, à cette petite. Et puis, un matin, alors que j'accompagnais Louise à la crèche après une séance de kiné matinale, nous avons rencontré un de ses copains, qui arrivait lui aussi, mais de chez lui. Bonjour, comment ça va ce matin ? Très bien, merci et Louise, comment va-t-elle ? J'ai dit : « Louise est en forme, sa journée est déjà entamée, elle vient de faire son sport matinal. »

Toc toc toc. Qui est là ?

« C'est moi, je suis une nouvelle émotion qui frappe

à la porte. Je suis Mlle Admiration. Je voulais vous faire prendre conscience que votre fille, celle dont on peut facilement se dire “oh la pauvre…” me mérite plus que toute autre. Vous venez de le dire, madame. Elle suit des séances de kiné avant les activités à la crèche, durant sa journée aussi. Elle voit une orthophoniste, une psychomotricienne. Parfois ça la saoule, parfois elle râle pour vous le montrer. Mais elle le fait, et elle se prête à tous ces efforts avec beaucoup de bonne volonté, alors que – je me permets de vous le rappeler – elle n’a rien demandé. Faire davantage d’efforts, au quotidien, et toute sa vie : pour elle, ce sera la condition *sine qua non* pour arriver à suivre, même quelques pas en arrière, le rythme du troupeau. C’est pourquoi moi, Mlle Admiration, je suis venue m’incruster chez vous aujourd’hui. Je vous surprends, n’est-ce pas ? J’ai mis un peu de temps à arriver, mais la place était prise par toutes les émotions confuses que vous avez stockées. Il va falloir qu’elles se poussent et me fassent de l’espace, car je suis bien décidée à m’installer et à grandir au fil des années. »

Alors j’ai installé Mlle Admiration dans une jolie chambre confortable, sous les toits, avec la meilleure vue sur l’avenir et des murs qui vont s’agrandir. Bienvenue, Admiration pour Louise. Tu méritais bien ta place.

## Noir et blanc : onze mois avant la rentrée

Préparer l'entrée à l'école de son enfant, quand il a un handicap, c'est comme une recette de cuisine. Mieux vaut pour vous avoir les ingrédients et les ustensiles à portée de main, rien à chercher à la dernière minute, et suivre scrupuleusement les instructions, ou le soufflé a toutes les chances de ne pas monter. Moi que cuisiner ennuie au plus haut point, je suis servie. J'ai d'ailleurs plutôt l'impression de diriger une équipe d'ingénieurs de la Nasa qui prépare le lancement d'une fusée aux étages hautement inflammables. Avec Rémy, nous avons même peaufiné un rétroplanning pour être sûrs de ne rien oublier avant le décollage (enfin, surtout lui, parce que j'ai horreur des rétroplannings. Vous devez penser : elle n'aime pas la cuisine, déteste les rétroplannings, elle n'aime rien – à vrai dire, dans tout ce processus, je plaide coupable, non, je n'aime rien).

Les différentes étapes sont sous mon nez, affichées sur l'écran de mon ordinateur, dans un tableur Excel préparé par Rémy parce que j'ai une sainte horreur des… (d'accord, je me répète). Les munitions sont présentes : ma tasse de café est à ma droite. Je parcours les phases qui nous attendent. Un : télécharger le dossier de demande d'aide humaine sur le site de la

MDPH (maison départementale des personnes handicapées) et l'imprimer. C'est drôlement bien, ils ont fait de nouveaux dossiers uniques, appelés « dossiers simplifiés » : ils font vingt pages. Deux : récolter les certificats médicaux et autres courriers de professionnels qui encadrent Louise et viendront appuyer notre demande d'une AVS (auxiliaire de vie scolaire) individuelle pour l'aider dans son quotidien en maternelle. Trois : remplir le dossier en détail.

Peu importe si nous avons déjà renseigné les mêmes cases du même dossier il y a deux ans pour une première demande d'allocation pour enfant handicapé et carte d'invalidité. Nouvelle demande signifie nouveau dossier et les mêmes cases à remplir avec les mêmes renseignements. J'oubliais : pour le fun, nous devrons renouveler la demande aux cinq ans de Louise en prouvant qu'elle a toujours le même handicap. Des fois que le troisième chromosome 21 se serait envolé entretemps, ou que des scientifiques aient découvert dans l'intervalle un remède miracle, et que la MDPH serait au courant avant nous : Louise n'aurait plus droit à sa « carte d'invalidité ».

Cette carte… Je me souviens quand j'ai ouvert le courrier qui nous la remettait. Cet affreux document que j'ai détesté au premier coup d'œil, parce que c'était tôt, que Louise avait six mois, et qu'au-dessus de sa bouille souriante sur la photo d'identité figurait ce tampon, cette étiquette, ces mots froids : « taux d'invalidité supérieur ou égal à 80 % ». Un bon petit coup de poing dans la tête. Ce n'est rien, en soi, cette carte, mais tous ces riens qui sont pensés pour la bonne marche de l'administration, ces riens qui nous aident au quotidien aussi – je le sais, que cette carte est là pour attester de ses droits au cas où quelqu'un les lui refuserait – sont autant de pincements qui laissent des bleus indélébiles aux cœurs des parents.

Mais revenons au lancement de notre fusée et à mon équipe d'ingénieurs au garde-à-vous pour la faire décoller (on est trois, Rémy, la tasse de café et moi, si vous suivez). La quatrième étape sera de photocopier le dossier (règle numéro un du lanceur de fusée handicap : ne jamais rien envoyer sans en avoir fait une copie, car invariablement, à un moment, le courrier sera perdu ou oublié) et l'envoyer en recommandé avec accusé de réception. Et attendre. Mais pas attendre une semaine, le temps d'un petit tricot, non, vous pouvez démarrer la tapisserie de Bayeux, puisque les délais de traitement des demandes sont, selon les départements, de quatre mois à... ouh là là... neuf ou dix, je crois. Là où nous vivons, c'est annoncé, c'est cinq mois avant une réponse quand tout va bien.

C'est bon, vous avez bien le planning en tête ? Alors penchons-nous sur ce qu'on va bien pouvoir mettre dans cette fameuse fusée. L'idée, c'est de demander – et je rappelle que nous sommes à J moins onze mois – l'aide nécessaire pour que notre fille puisse suivre une scolarité sans être trop pénalisée. Ce sera ensuite à la MDPH, en se basant sur ce dossier qu'on va lui envoyer, d'attribuer ou non une AVS à Louise, et de quantifier dans quelle proportion d'heures hebdomadaires elle en a besoin (oui, après le pourcentage d'invalidité, encore une autre proportion : faut aimer les chiffres pour être ingénieur aérospatial, vous êtes prévenus).

À ce stade, Louise ne mange pas seule, ne marche pas encore, n'est pas propre, ne prononce aucun mot. Difficile de se projeter dans un an quand, à son échelle, il se sera passé un tiers de vie en plus. Je suis en plein entraînement du grand écart qu'on me demandera de faire toute ma vie à ses côtés, pour elle. Et il en faut, de la souplesse.

Aux parents d'enfants hors-norme, différents, malades, avec un handicap, on donne fréquemment ce conseil : « Vivez jour après jour. Profitez de l'instant présent, ne vous projetez pas. Votre enfant est une vraie leçon de vie, il va vous apprendre la patience. »

Vu sous cet angle, c'est un joli programme. C'est vrai que ça ne me ferait pas de mal, à moi l'éternelle impatiente, d'apprendre à vivre pleinement chaque instant sans essayer de savoir ce que réserve le suivant. C'est encore mieux que les applications de méditation, dit comme ça, un enfant différent. Réjouis-toi du présent, chéris ce que t'a donné le passé et ne te préoccupe pas de l'avenir puisque tu ne le connais pas. Chic ! En fait, un enfant différent, c'est la voie vers le Nirvana sans passer par un monastère perché dans les chaînes himalayennes (et sans avoir à raser ma chère chevelure).

Ça, c'est la théorie : vivez au jour le jour. Profitez de l'instant présent.

Et puis il y a la vraie vie.

Vivez au jour le jour, mais, si, dans un an, vous voulez que votre enfant rentre à l'école maternelle, il va falloir commencer très vite à vous renseigner sur les démarches. Oui, il faut anticiper la demande d'AVS, vu que le traitement des dossiers prend cinq mois, mais avant d'envoyer la demande d'AVS, il faut remplir le dossier MDPH, et pour remplir ce dossier il faut un certificat médical précis et signé, avez-vous pris rendez-vous chez le médecin ? Parce que si vous voulez voir la spécialiste, c'est deux mois de délai, et surtout n'oubliez pas d'y joindre des certificats de l'équipe qui suit votre fille. Ah oui ! Et le top du top, en amont de la demande d'AVS, c'est d'organiser une préréunion avec la future école et toutes les personnes qui suivent votre enfant, kiné, ortho, psychomot'. Faites donc ça, montez une petite réunion vite fait. Quoi, la rentrée, c'est dans un an ? Ah oui, c'est difficile, mais vous n'avez pas le choix, vous devez anticiper.

Vivez au jour le jour. Mais avez-vous défini ce que vous souhaitez pour votre fille ? Parce que dans ce délicieux dossier MDPH, il y a une partie très importante à rédiger qui s'appelle « projet de vie ». C'est beau, n'est-ce pas, « projet de vie » ? Je mets quoi : « être heureuse au milieu des siens, le plus longtemps possible et vivre au jour le jour » ? Ça, c'est le projet de vie par excellence, non ? Ah non, madame, faut surtout pas mettre ça, détaillez avec précision tous les besoins que requiert le handicap de votre enfant, et n'hésitez pas à souligner dès maintenant que vous souhaitez son inclusion à l'école comme ça a été le cas en crèche, sinon on vous attendra au tournant, on vous proposera un établissement spécialisé. Alors vous devez vite savoir si c'est ce qui est le mieux pour elle. Quoi, « elle n'a que deux ans et demi » ? Ah oui, c'est difficile, mais vous n'avez pas le choix, vous devez anticiper.

Vivez au jour le jour. Mais avez-vous pensé à un éventuel Plan épargne handicap ? Ça se démarre au plus tôt, ces choses-là, pour le jour où vous ne serez plus là, ça lui fera un petit pécule. Quoi, « elle n'a que deux ans et demi » ? Ah oui, c'est difficile, mais vous n'avez pas le choix, vous devez an-ti-ci-per.

Vivez au jour le jour. Mais une fois que votre demande sera envoyée à la MDPH, n'hésitez pas à les relancer régulièrement, parce que ces gens-là sont débordés, et que même si vous faites tout bien dans les temps, il se peut que le jour de la rentrée Louise n'ait pas d'AVS. Alors il faudra avoir tout prévu et préparé votre courrier avec accusé de réception pour déposer un contentieux auprès du rectorat. Quoi, « c'est dans un an » ? Ah oui, c'est difficile, mais vous n'avez pas le choix, vous devez anticiper.

Vivez au jour le jour... Ben moi, je vais déménager dans la chaîne himalayenne et me raser les cheveux, tout compte fait.

## Bleu mélancolie : les anniversaires

Ma Louise, ma fille,

Lundi tu vas fêter tes trois ans. Comme d'habitude – c'est marrant de dire « comme d'habitude » quand ça ne fait que trois ans –, j'ai connu des moments de blues les jours précédents. C'est parce que, quand tu es née, on a pris un bon coup de bambou sur la tête, ton papa et moi. Et il paraît que les coups de bambou, ça résonne dans le crâne un certain temps après... C'est injuste, n'est-ce pas ? Les anniversaires, c'est joyeux. Ton arrivée dans notre monde, c'est joyeux. Mais, par moments, je l'oublie et je me trompe de lunettes pour regarder la vie. Je mets une vieille paire, toute moche, aux verres gris fumée, avec laquelle je ne vois que la comparaison entre toi et les autres, les difficultés que tu as pour marcher, pour manger seule, pour parler. Et je tourne en rond dans un grenier bas de plafond, avec le rictus du nain Grincheux aux lèvres, en répétant : « C'est pas juste ! C'est pas juste, nan, c'est pas juste ! »

Mais on ne va nulle part quand on tourne en rond.

Alors, une fois que j'ai bien marmonné, bien tourné

et bien râlé, je jette les lunettes gris foncé à la poubelle, et je regarde ce qui reste.

Toi.

Tout ce que tu as provoqué depuis que tu es née, ces choses que l'on doit célébrer en t'aidant à souffler tes trois bougies.

Trois années à tout défoncer sur ton passage avec ta banderole « je ne ferai jamais rien comme les autres, que ça vous plaise ou non ».

Trois années de ton sourire désarmant et de tes grands yeux capables de dire bien plus que les mots que tu n'as pas encore : tes armes fatales avec lesquelles tu neutralises quiconque voudrait te mettre des bâtons dans les roues.

Trois années d'aventures, de voyages, de rencontres, de nouveaux amis faits grâce à toi – et d'anciennes amitiés renforcées aussi grâce à toi.

Trois années à observer comment tu obliges tous ceux que tu croises à montrer le meilleur d'eux-mêmes, et peu importent les paperasses, les couloirs d'hôpital et les rouleaux compresseurs administratifs qui me rendent, moi, tellement folle. Toi, tu avances, avec ton sourire qui signifie : « Je me fous bien de vous », tu nous surprends chaque fois qu'on ne t'attend plus, assise, debout, premiers pas accrochés à nos bras, le pot, les premiers mots signés, les chorégraphies inimitables.

Trois années durant lesquelles tu as transformé « mon bébé Paul » en un grand frère aimant, naturel et dont je suis si fière.

Trois années de tes câlins si doux que tu donnes

instinctivement et sans compter à ce frère adoré, à tes parents, à toute ta famille, à tes copains de crèche…

Trois belles années.

Sèche mes larmes. Soufflons tes bougies. Bon anniversaire, et c'est tout.

## Noir et blanc : je suis aidant

« Comment ressentez-vous le fait d'être aidant familial pour votre fille ? »

La question m'est posée pour la première fois lors d'une conférence sur les aidants, à laquelle je suis invitée pour parler de mon expérience de « maman de », après la parution de mon récit sur les neuf premiers mois de Louise dans notre vie, *La vie réserve des surprises.*

Aidant ? C'est marrant, je n'ai jamais pensé à moi comme ça. Aidant ? Non, je suis maman, et je fais ce qu'il faut pour ma fille. C'est normal, non ?

C'est ça, aidant ? À moins que…

Aidant, ce n'est pas les moments où je la serre contre moi et je lui fais des câlins.

Aidant, ce n'est pas son rire quand je la fais sauter dans mes bras et qu'elle s'envole de quelques centimètres vers le ciel.

Aidant, ce n'est pas changer une couche et souffler des « prouts » sur son ventre pour la faire rire, au passage.

Aidant, ce n'est pas non plus aller à la piscine et la faire tourner, tourner dans l'eau comme un petit poisson joyeux.

Aidant, c'est l'orthophoniste qui appelle le lundi matin à 9 heures pour dire : « Je ne comprends pas pourquoi on vous a donné mon numéro, parce que je n'ai aucune disponibilité avant octobre. Et en plus je crois que vous travaillez tous les deux ? C'est embêtant, car je ne me déplace pas et je ne fais des séances qu'en journée. »

Aidant, ce sont ces professionnels qui tombent d'accord sur le fait que Louise a besoin d'augmenter les séances de rééducation précoce : « Vous avez des disponibilités pour l'accompagner entre 9 heures et 17 heures en semaine ? »

Aidant, c'est tenir un agenda collaboratif et électronique des rendez-vous et déplacements nécessaires pour vérifier l'audition la vue la thyroïde la croissance le développement la psychomotricité l'orthophonie – et les vaccins, en fait on a oublié les vaccins, elle avait dit quoi, la pédiatre, la dernière fois ?

Aidant, c'est faire un dossier de vingt pages à la MDPH pour déclarer ton enfant comme officiellement handicapé, et rappeler chaque mois, pendant cinq mois, des numéros qui sonnent dans le vide à l'infini dans des bureaux, et qui, quand ça décroche, te répondent : « On a beaucoup de retard, vous serez prévenu quand ce sera traité. »

Aidant, c'est se dire à la fin de chaque journée : « Merde, on n'a pas pris le temps pour ses massages/ses exercices de kiné/les comptines signées/le travail de la motricité fine/acheter un gros ballon à Décathlon/relancer l'endocrinologue qui ne nous a pas répondu pour le prochain rendez-vous. » C'est lire des pages et des pages sur « le meilleur pour votre enfant », les méthodes qui cassent la baraque, et constater que tu n'as ni le temps ni l'énergie de t'y tenir. Alors quoi, ta fille ne va pas bénéficier du meilleur ?

Aidant, c'est culpabiliser, encore et toujours, pour elle mais aussi pour ton autre enfant, qui n'a rien demandé : et lui alors, est-ce qu'on fait tout bien pour lui aussi, est-ce qu'on lui donne assez de temps et d'énergie ?

Aidant, c'est essayer de tout donner, se sentir bien seul, se décourager, se remotiver, se fatiguer, avoir l'impression de ramer avec des petites cuillères pour une traversée de l'Atlantique en barque.

Aidant, c'est le moment où tu te dis : bordel, laissez-moi juste être une maman.

## Arc-en-ciel : le road trip américain

C'était un de ces rêves que j'avais remisés au placard, sans trop y réfléchir, « à cause du handicap ». Ce serait forcément trop compliqué. Louise était trop fragile, il fallait rester près de toutes les solutions médicales en France, et puis il y avait des rendez-vous, des vérifications, le suivi à planifier...

Et ainsi s'était éclipsé, sur la pointe des pieds, le fantasme de « partir tous ensemble un jour sur les routes de la Californie », montrer à nos enfants ce bout d'un pays immense, qui avait tant compté dans l'histoire de notre couple, à Rémy et moi.

Jusqu'à ce qu'il revienne, toujours en catimini, gratter à la porte en brandissant une pancarte « pourquoi pas ? ». Et pourquoi pas, en effet ? Louise allait avoir deux ans, elle avait passé un deuxième hiver sans bronchiolite ni pneumopathie, nous avions déjà un peu voyagé avec elle, la voiture, le train, le ferry, il lui manquait juste des ailes, à cette petite, et aucun médecin ne nous avait jamais persuadés qu'un chromosome supplémentaire, ça pesait trop lourd pour voler.

Alors on a commencé à fouiller, planifier, explorer. Parce que « de toute façon, ça ne fait jamais de mal de rêver ». Plus on y pensait, plus le rêve devenait concret.

Un truc assez fou pour marquer la fin de mois lourds et compliqués, un pied de nez à ce que nous avions cru perdre, mais pas trop dingue quand même – pour être à peu près certains de pouvoir le réaliser.

Paul a six ans, « un bon âge pour voyager et découvrir, il se souviendra de certaines choses, et on adaptera l'itinéraire pour lui ». Louise en a deux, assez grande pour ne plus réclamer un biberon toutes les trois heures, pas assez pour courir partout – elle ne marche pas encore, pour une fois que ce sera un avantage, nous ne serons pas de ces parents qui font quinze kilomètres en allers-retours dans les couloirs d'un avion pendant un long courrier. Allez, c'est parti, tous les quatre en Californie, on ne parle plus de médecins, de problèmes, de handicap ; il y a nous, une voiture, et l'Ouest. Ce sera donc Paris-San Francisco-Los Angeles-San Diego-Las Vegas-Los Angeles-Paris en dix-huit jours.

Le rêve s'est mué en projet, mais il faut croire qu'avec Louise rien ne peut jamais être tout à fait ordinaire, et parfois pour le meilleur. Deux jours avant notre départ, en clin d'œil et pour « croiser les doigts » de façon numérique, Rémy publie un tweet indiquant que Louise va faire son baptême de l'air, long courrier, onze heures de vol, rien de moins, direction la Californie, et à jeudi, Air France ! Pas de réponse particulière de la compagnie, ou peut-être un vague « bon voyage avec nous » sur le réseau social. Nous n'y prêtons pas attention, trop préoccupés à faire et refaire la checklist de la valise familiale pour ne rien oublier d'important (« t'as bien pris le Doliprane, hein ? »).

Le jour J, nous déboulons déjà épuisés dans le

hall des départs de Roissy. C'est parti pour les files d'attente, check-in, sécurité, etc. Louise est dans sa poussette « tout-terrain » (comprendre : la poussette que nous avons depuis la naissance de Paul et qui ne craint absolument plus rien : ce voyage sera son dernier). Du coin de l'œil, j'ai à peine le temps d'apercevoir deux hôtesses avec l'uniforme de la compagnie, qui échangent quelques mots en nous regardant, une feuille imprimée à la main. « Cool, t'as vu, Rémy ? Elles ont dû repérer que nous avons une poussette et on va pouvoir prendre la file d'attente spéciale famille ! »

C'était sans compter ce que j'appelle maintenant « l'effet Louise ». L'effet Louise, c'est ce truc qui te prend par surprise, et qui fait que sans que tu demandes quoi que ce soit, des individus se mettent en quatre pour faciliter les choses à cette gamine. Juste comme ça, et tant pis pour les esprits cyniques et chagrins : le « handicap » de Louise a ce pouvoir de faire ressortir, dans de nombreuses situations, le meilleur de chacun.

Les deux hôtesses en bleu marine, foulard rouge, s'avancent vers nous, et plus elles se rapprochent, mieux je distingue sur la feuille qu'elles tiennent à la main un portrait de Louise imprimé à partir d'une des photos postées sur sa page Facebook. Je ne peux pas l'oublier : c'est elle, avec sur la tête mon vieux chapeau de cow-boy trop grand pour elle. Une photo prise il y a quelques jours pour marquer notre départ pour le Grand Ouest.

— Bonjour, c'est bien Louise et Paul, c'est cela ? Bienvenue, nous sommes ravis de vous accompagner pour votre baptême de l'air, venez avec nous ! Donnez-nous vos cartes d'embarquement, on s'occupe de tout !, lance l'une d'entre elles en prenant nos documents de voyage.

Ma mâchoire se décroche de quelques centimètres, et au vu des surprises que nous allons cumuler lors de ce trajet, celle-ci frottera par terre quand nous arrivons à San Francisco. Ballons pour les enfants, certificat de baptême de l'air, visite du cockpit – exceptionnel en ces temps de surveillance antiterroriste renforcée –, accueil personnalisé par le personnel au sol puis navigant, ourson pilote offert à Louise, figurine pour Paul... Je passe mon temps à regarder par-dessus mon épaule si Madonna n'est pas derrière nous, des fois que, chez Air France, ils aient confondu.

Mais non. Tout ça, c'est bien pour Louise, et non, « ça n'est pas une opération marketing », nous répond le chef d'escale qui va nous tenir compagnie jusqu'à notre entrée dans l'avion. La compagnie dispose de son propre « réseau social » interne, et une petite souris dont nous ignorons l'identité, qui travaille pour Air France et suit la page Facebook de Louise, a partagé il y a quelques jours l'annonce de son baptême de l'air. Ils avaient une date, une destination : pas très compliqué de repérer sur quel vol ça allait se passer.

Est-ce qu'un directeur de la communication a demandé à tout le monde de mettre le paquet, dans l'espoir de redorer via les réseaux sociaux une image trop souvent ternie par les retards, les grèves, les problèmes ? Est-ce qu'un comité de pilotage a décidé que la belle histoire de la petite trisomique qui fait son premier vol comme dans un rêve, c'était de la bombe médiatique à exploiter sans attendre ? Je ne le cache pas, ce sont les premières questions que je me suis posées (car oui, je fais partie de ces esprits cyniques). La réponse du personnel est claire et, je l'ai vérifié, sincère. Rien n'a été coordonné : simplement chacun a décidé d'y mettre un peu du sien à son niveau : un bisou par-ci, une peluche par-là, un coup de main ou une boisson.... Un tout petit cadeau à chaque maillon de la grande chaîne, et voilà comment Louise se retrouve avec un baptême de l'air à faire blêmir d'envie une star internationale.

Mais le plus beau dans tout cela, c'est que la principale intéressée s'en fout. Ou plutôt non : les bisous, les attentions, les regards, c'est du bon pain pour elle, elle prend avec plaisir. Le reste, c'est bonus, et ça nous simplifie juste la vie à nous qui l'accompagnons. Alors quand une sale voix dans ma tête me susurre que c'est trop, que nous n'avons rien fait pour mériter ça, que le handicap ne sera jamais compensé par des gentillesses, des présents, ni des faveurs, j'ai envie de lui répondre qu'elle a raison. Sur un point : rien ne compensera jamais et j'échangerais avec plaisir tous les cadeaux du monde contre une « réparation » de son chromosome en plus, et toutes les difficultés qu'il peut engendrer. Mais, humblement, je dois reconnaître que l'effet Louise, s'il ne « compense » pas, dessine la force que ma fille possède déjà. Un « superpouvoir », niché quelque part dans ce 47e chromosome, qui par une chimie étrange développe son empathie et son besoin d'aller vers les sourires. Je le vois à l'œuvre, même si une partie de moi a longtemps refusé d'y croire : niaiseries façon Bisounours, légendes destinées à compenser la tristesse d'avoir une capacité intellectuelle moindre et un visage qui « marque » sa différence par rapport aux autres, aux « normaux », traits qui trimballent depuis des siècles une image de nigaud, d'idiot, de « débile », de gogol, quoi. C'est une force réelle qui va l'aider et je suis ébahie de la voir déjà à l'œuvre.

Quant au séjour américain, il s'ajoute à la (trop longue) liste des appréhensions injustifiées que j'avais par rapport au handicap de Louise. Du décollage en chouchoute à Paris, à l'atterrissage à San Francisco avec ballons à l'arrivée, en passant par l'accueil « à l'américaine » (comprenez : à coups de « How are you doing ? How lovely, how cute, those kids ! » / « Comment ça va ? Qu'ils sont beaux qu'ils sont mignons, vos enfants ! ») dans les hôtels, les restaurants de bord de route ou de milieu du désert, les sourires dans les rayonnages immenses des supermarchés, les kilomètres avalés en voiture sur des routes en ligne droite jusqu'à toucher du doigt l'horizon, du début jusqu'à la fin, en rien le chromosome en plus de Louise n'aura rendu la réalisation de ce rêve plus difficile ou plus terne.

Oui, elle a dormi dans un lieu différent tous les deux jours alors qu'on nous a dit que « ce sont des enfants qui ont besoin de repères ». Non, elle n'a eu aucun mal avec le décalage horaire de huit heures alors que, c'est bien connu, « ils sont plus fatigables ». Non, nous ne nous sommes absolument jamais sentis mal à l'aise en raison de regards de travers ou de remarques malvenues, malgré l'équipage que nous formions dans notre voiture de location pleine à craquer, alors qu'on changeait cette petite de deux ans sur le siège avant, sur une aire d'autoroute, ou qu'elle mangeait encore des plats mixés le midi alors que tous les petits de son âge engloutissaient avec plaisir des miniburgers et des frites, avec extra-soda. Alors que « les gens ne sont pas tendres, avec la différence ».

Oui, je suis fière que nous ne nous soyons pas arrêtés à des idées préconçues et que Louise, deux ans à peine, nous ait démontré qu'elle était déjà une grande voyageuse, prête à englober le monde dans son sourire.

## Noir et blanc : parler l'administratif

*(École moins onze mois)*

Comme les ingénieurs de la Nasa ou de l'Agence spatiale européenne doivent, j'imagine, apprendre les maths et les formules de base qui leur permettront de lancer une fusée qui dépasse l'atmosphère et se dirige exactement là où ils le souhaitent, le parent d'enfant avec handicap se doit, pour accompagner son rejeton, d'apprendre un nouveau langage : l'administratif.

L'administratif est une langue complexe, composée pour partie du langage ordinaire, pour partie de mots qui lui sont propres, longs et qui se terminent en -ment ou en -tion, et pour un dernier tiers, de sigles. Il est bon d'apprendre ces derniers par cœur, sous peine de devoir répondre : « hein ? c'est quoi ? » à chaque échange avec l'institution (je vous ai dit que ça finit par -tion) et d'oublier quelle question on vient de poser, une fois qu'on vous livre la réponse.

Puisque j'ai envie avec ce livre de vous inviter dans la face cachée (et sous tension, ajouterais-je si j'étais un magazine d'information en prime time sur une grande chaîne télévisée) de la vie avec le handicap, vous n'allez pas couper à votre première leçon de sigles. Commençons par un coup de pouce, parce que je ne suis pas qu'un monstre sadique : vous allez souvent retrouver le H. H pour… (quel est le petit rigolo qui a répondu haschich, au fond de la salle ?) Pour handicap, évidemment, merci aux premiers rangs qui suivent.

Pour bien lancer notre fusée, donc, nous devrons impérativement avoir de nombreux échanges avec la MDPH déjà citée, la Maison départementale des personnes handicapées. Je vous coupe tout de suite : ce n'est pas une jolie maison de vacances dans laquelle toutes les personnes handicapées d'un département auraient droit de cité, avec piscine, formule all inclusive, et toit de tuiles à la provençale. Vous vous croyez où ? Reprenons-nous.

Les MDPH, ce sont les bureaux dans lesquels on évalue et décide des aides aux personnes qui vivent avec un H, pardon, un handicap. On s'adresse à la MDPH pour obtenir l'AEEH, et, plus tard, l'AAH, avec ou sans les compléments, complément 1, complément 2, complément 3, complément 4. Mais aussi pour solliciter l'AJPP, la PCH, la RQTH, la carte d'invalidité, la carte de stationnement (ceux-là, ce sont des mots trop clairs, pas de rime en H, je n'en suis pas fan), demander une AVS, une AESH, une scolarisation en ULIS, une orientation en IME, après que parents et enseignants ont rempli ensemble, lors d'une ESS (à laquelle participe également l'ERH), un Geva-Sco, qui servira de base à la MDPH, avec le PPS, pour émettre son avis quant à la demande émise par la famille… Tout ce qui précède est décidé et validé en CDAPH – celle-là, on y reviendra, elle est importante, vous allez voir. Vous suivez, j'espère ? Non ?

C'est normal, parce que c'est impossible. Et

pourtant, en moins d'un an, j'ai appris à manier ce deuxième langage et ces sigles font désormais partie de mon univers, au même titre que les mots « chaise », « voiture », « assiette ». Nous avons dû les absorber en quelques mois, vérifier chaque fois. « Attends, c'est quoi, déjà, le Geva-Sco ? je ne comprends pas, c'est pas le même papier que le dossier MDPH ? » est devenu le refrain à la mode à la maison. Au prix de quelques jolies engueulades, aussi. Et souvent, je me pose cette question : si nous, parents chanceux, bac plus 10 à nous deux, qui parlons chacun une à deux langues étrangères, maîtrisons un poil de langage HTML, nous nous perdons dans tout ça, mais *comment* font les gens ?

Notons que ce jargon a ses avantages : entre membres de la secte du sigle, on se reconnaît. Quiconque est capable de comprendre cette question : « Le Geva-Sco première demande, vous l'avez rempli seuls ou avec l'enseignant référent avant de l'envoyer à la MDPH pour le faire passer en CDAPH ? » est membre de cette société secrète. Celle qui vit à côté de vous sans que vous la soupçonniez, la confrérie des sigles en H, la plus importante de France, douze millions de personnes avec handicap, plus leur entourage.

Pourtant, on attend encore notre couverture du *Point* : « Les handicapés, leurs réseaux, leurs membres, leur vrai pouvoir : enquête exclusive ».

## Rouge sang : « Tu es tellement forte »

Premier été après la naissance de Louise. Le temps des larmes quotidiennes est passé. Je ne sors plus un paquet de Kleenex à chaque mention du mot trisomie. Louise est inscrite à la crèche, notre quotidien prend forme, j'ai vécu un moment incroyable de chaleur humaine après le buzz mondial qu'a fait un de mes billets Facebook sur le handicap de Louise. Bref, je vais bien. Je me retape et je ne suis pas peu fière de me dire que le pire est derrière moi. Mieux : on m'a proposé de publier un livre à partir de mes premiers mois vécus avec cette enfant pas comme attendue. J'écris chaque jour et me replonge au quotidien dans tout ce que nous venons de traverser. Je peux souffler et me féliciter.

Pourtant, un petit quelque chose devrait me mettre la puce à l'oreille. Mais comme j'ignore alors ce que c'est, ce machin de rien passe inaperçu. Je me dis que c'est la norme. D'ailleurs, avec qui pourrais-je comparer ?

Chaque soir, avant de m'endormir, je ne me contente pas de penser aux tâches du lendemain ou de revoir la journée écoulée, ses bons et ses mauvais moments. La tête sur l'oreiller, dès que je ferme les yeux, un projectionniste fou lance sur l'écran de mon cerveau le même film. Chaque soir, mesdames et messieurs, après la pub et les bandes-annonces, nous revivrons le court-métrage de l'annonce du diagnostic, en très haute définition et en 3D. La démarche de la pédiatre, et de la sage-femme, le long du couloir, l'expression de son visage, les lunettes qu'elle portait, les mots qu'elle a choisis, le cri poussé par Rémy. Et clac, fin du film. (Avouons que ça n'a ni queue ni tête, je me demande qui a accepté de produire cela, les gens ne paieront jamais 13 euros pour voir ce machin.)

Tous les soirs.

Le même film qui s'incruste, sans que je puisse le contrer, comme si j'étais obligée de le subir. C'est d'ailleurs ce que je ressens : l'obligation de visionner ce passage, encore et encore. Mais je ne me pose pas la question de savoir si c'est normal. Cela fait quelques mois que ma vie est bien loin du « normal ». Ce souvenir récurrent s'impose à moi, dans un mélange de masochisme et de fatalité. Je dois le regarder, encore, encore, encore. Ce n'est pas seulement que j'y « pense » : je le revis. Avec émotions à l'appui, cœur retourné, ventre serré, cerveau qui s'emballe et les pensées du jour J qui tournent – « Ça n'est pas possible, ça ne peut pas m'arriver, c'est une blague. » Bloquée. Ce que j'ignore alors, c'est que ce court-métrage est une bombe à retardement.

Quelques semaines plus tard, je le mentionne à mon psy, que je vois chaque semaine depuis la naissance de Louise pour traverser la tempête sans trop de dommages. Comme ça, au passage.

— Oui, ça va. Ah si, je voulais vous demander… (Depuis, je me dis que les psys comme les médecins doivent savoir que ce sont toujours les « détails » les plus importants qui suivent ce « ça va, ah si, je voulais vous demander »).

— Oui ?

— Eh bien, je me demandais si c'était normal de revoir chaque soir la même scène, en fait. J'en ai vraiment marre et je voudrais savoir si on pouvait faire quelque chose pour que ça s'arrête, ou bien si seul le temps la fera disparaître ? Est-ce que je dois me résigner ?

Il me demande si ce souvenir vient m'envahir à n'importe quel moment, et si je suis impuissante à le chasser quand il s'invite. J'opine du chef. C'est exactement ça. Un indésirable qui s'invite à table et pousse dehors tous les autres convives. Il m'explique alors que cela ressemble fort à un symptôme de stress post-traumatique, que oui, il existe des moyens de s'en débarrasser et que nous pourrons en parler la semaine suivante.

Je suis à la fois interloquée et rassurée. Du stress post-traumatique ? J'en ai entendu parler, évidemment. Je crois que les médias ont commencé à évoquer ce terme après le retour des soldats américains d'Irak. C'est ce que vivent les personnes qui ont traversé des événements atroces, violents, la guerre, un attentat, ceux qui ont côtoyé la mort et ne parviennent pas à reprendre une vie normale. Mais enfin, ce n'est pas moi ! Même si l'annonce du diagnostic de Louise est l'épreuve la plus dure que j'ai traversée à ce jour, je n'ai pas risqué de mourir, je n'ai perdu aucun enfant, je n'ai vu personne se faire arracher une jambe en sautant sur une mine antipersonnel ! J'ai du mal à me dire que je souffrirais de stress post-traumatique, ça me semble un peu prétentieux. Comme si je n'avais pas déjà assez fait mon intéressante, avec ma gamine, le buzz, un livre…

Et pourtant. L'annonce du handicap d'un enfant est un traumatisme. C'est un moment d'une grande violence. Qui dit traumatisme dit possibilité de stress post-traumatique. C'est simple, énoncé comme ça. Mais c'est un peu plus compliqué à intégrer et à accepter pour soi-même.

Je ne crois pas si bien penser et suis servie pas plus tard que quelques jours après par une démonstration éclatante. Un soir, à la maison, les deux enfants sont couchés et Rémy et moi larvons devant une quelconque série américaine. Son téléphone émet un « blimp ! ».

— Ah, mince, c'est dingue ! lance-t-il.

— Quoi ?

— C'est K et A. Leur bébé est né ! C'est un grand préma. Ils ont eu des frayeurs, mais apparemment tout va bien maintenant. Ils ont été transférés à la même maternité que celle où Louise est née !

Tout de suite, je ressens une immense excitation – beaucoup trop grande, en fait, mais je n'en ai pas conscience.

— Non ? C'est vrai ? Génial ! Je suis si contente pour eux. Il faut absolument qu'on aille les voir à la maternité, en plus on la connaît par cœur. Tu crois qu'on pourra leur rendre visite demain ? Ça me fait tellement plaisir pour eux ! Il faut qu'on y aille !

Je serais prête y aller sur-le-champ.

Avant d'aller me coucher, je vais prendre une

douche brûlante, pour me calmer avant de dormir, comme chaque soir.

Et là : vlam !

Je me retrouve dix mois plus tôt, dans le coin salle de bains de la chambre de la maternité, à pleurer sous le jet de la douche afin que l'on ne m'entende pas trop, pendant que ma fille, ce « bébé handicapé », dort de l'autre côté de la cloison.

La douche, mon coin de craquage. Celui où j'essayais de me détendre et de lâcher en silence, de noyer sous le jet d'eau les cris que je ne pouvais pas pousser face aux autres : médecin, famille ou même… ma propre enfant.

Je suis de nouveau sous la douche, mais chez moi. Et ce soir, ce n'est pas que « le souvenir me revient » ou que « j'y repense avec tristesse », non : je suis dedans. Je le revis. Toutes les émotions d'alors fondent sur moi, la détresse, la tristesse absolue, la panique, la colère. Et le pire, c'est qu'elles sont aussi vives que si c'était la première fois que je les ressentais. Ça me tord les entrailles. J'ai le souffle coupé. Mon cœur est broyé. Et je pleure, je pleure, je pleure de nouveau comme si ça n'allait jamais s'arrêter, comme si mes glandes lacrymales avaient des réserves de plusieurs hectolitres.

Je suis totalement prise au dépourvu par ce qui m'arrive. Je suis capable de penser à une seule idée : il est *hors de question* que je ressente cela de nouveau, et aussi fort. C'est comme si je vivais pour la seconde fois ces moments si difficiles, chaque émotion aussi brûlante qu'alors. J'envoie aussitôt un mail à mon psychiatre pour lui décrire ce qui vient de m'arriver, lui demander de l'aide et des conseils. Le lendemain, il me répond très vite : « Cela cadre tout à fait avec le stress post-traumatique. Nous allons travailler dessus ensemble, ne vous inquiétez pas, il existe de bonnes techniques pour ne pas que cela se reproduise. »

Il y a intérêt, parce que je refuse de me faire encore renverser par ce TGV de la panique. Sortez-moi des rails une fois pour toutes.

Quelques jours plus tard, me voilà de nouveau dans le cabinet du psy. Il m'explique avec une image assez simple le principe du stress post-traumatique. Dans la vie, il nous arrive des événements, des bons comme des mauvais, et notre cerveau, en bon petit soldat, les range dans ses « tiroirs à souvenirs » une fois que nous les avons vécus et digérés. Seulement parfois, lorsqu'un événement est trop dur, que l'émotion fait « bugger » la machine, le cerveau débranche et ne fait pas son boulot de ménage. La scène n'est ni digérée ni rangée. Elle traîne au milieu de la pièce comme une chaussette sale oubliée sur un joli parquet étincelant. Elle fait tache. Et surtout, comme elle n'a pas été triée ni rangée, on la revoit tous les jours, le plus souvent sous forme de « flash » bref et très précis. C'est ça, la scène qui vient me polluer l'esprit alors que je suis en train de penser totalement à autre chose. C'est ma chaussette oubliée sur le parquet bien propre.

Comment m'en débarrasser ? Il va falloir faire le ménage, et ça ne va pas être très agréable, parce que personne ne va pouvoir ramasser la chaussette à ma place. Le psy m'explique que je vais, avec lui, revivre cette scène, me coltiner à elle en quelque sorte, repasser encore et encore par ces moments, jusqu'à ce que sa puissance finisse par « passer » et qu'elle aille se ranger d'elle-même là où elle devrait être : dans le tiroir à chaussettes, dans celui des souvenirs. Un mauvais, dans son cas, mais pas plus qu'un souvenir. Elle ne devrait plus en jaillir comme un diable de sa boîte pour me terrasser à la façon de *La Revanche de la chaussette tueuse*. En outre, je peux apprendre à repérer les moments ou éléments clés qui seraient susceptibles de lui redonner de la force : les dates anniversaires, certains lieux, des musiques ou des odeurs qui sont liés dans ma mémoire à cette sale chaussette.

C'est parti. Jamais chaussette n'a été aussi compliquée à ramasser et à ranger. Cela va prendre plusieurs semaines, et je ne fais pas le boulot seule. D'abord, il me demande d'écrire la scène, comme je l'ai vécue, au présent, en utilisant le « je » et en indiquant de façon la plus précise possible ce que je ressens – les odeurs, les sons, les couleurs, et aussi mes émotions. Ça, ça passe encore, bien que certaines lignes me fassent déjà gonfler une boule dans la gorge. Puis c'est lui qui va me la lire, plusieurs fois.

Je n'aurais pas cru qu'une chaussette orpheline soit si coriace. Même en entendant une voix neutre me raconter ma propre histoire, j'ouvre les vannes. Balancez les larmes, comme au bon vieux temps ! Mais il faut écouter, respirer, regarder mes émotions. Ensuite, il me faudra la lire moi-même. Me concentrer sur les quelques phrases et secondes qui sont pour moi les plus difficiles – celles qui me semblent impossibles à prononcer tant elles invoquent l'horreur de l'émotion que j'ai ressentie sur le moment. Je les dis, je les répète avec lui. Je pleure. Je passe plusieurs séances de trente minutes à pleurer avec la gorge serrée. Masochiste, cette affaire de chaussette.

Mais quelque chose se produit. À force de lire cette scène, de l'entendre, de la répéter moi-même, je commence à sentir une mise à distance. Je pleure encore, mais moins. J'arrive à prononcer tous les mots. Peu à peu, je parviens même à la lire comme si je ne la revivais pas. Les mots sont les mêmes, mais leur pouvoir ravageur est moindre, les flammes brûlent moins fort. Ça s'éloigne, et j'ai l'impression que c'est de plus en plus « moi » qui maîtrise cette scène, et pas elle qui me maîtrise. Surtout, j'ai peine à le croire mais, au quotidien, ça marche.

Quelques semaines plus tard, je me rends compte presque par hasard que, tiens, deux journées se sont écoulées sans que la chaussette orpheline fasse irruption à n'importe quelle heure du jour et de la nuit. Je peux traverser la pièce, admirer le parquet sans qu'elle me saute à la gueule.

Ça a été dur. Le meuble à linge était très loin, le tiroir à chaussettes très en hauteur, il a fallu que je grimpe sur un escabeau. Et puis son ouverture coinçait, il a fallu tirer très fort, ça m'a épuisée et coûté bien des larmes, de nouveau. Mais la chaussette est rangée. Elle a retrouvé les autres paires. Cette scène n'a pas disparu de ma vie, elle sera toujours là et restera à jamais un moment dur. Mais elle a repris sa juste place, à côté de ses copains les autres mauvais souvenirs. Et elle comme moi n'en vivons que mieux, chacune dans notre coin.

## Noir et blanc : premiers contacts avec la MDPH

Un tas pour la vingtaine de pages originales, un autre pour les photocopies à garder précieusement, un scan de tous ces documents à envoyer « pour info » à la directrice de l'école, puis direction le bureau de poste pour lancer la fusée, et c'est parti, le vaisseau « Louise à l'école avec AVS » s'éloigne en courrier recommandé. Pas question qu'il se perde en chemin entre notre ville et les bureaux de la MDPH, à sept kilomètres à vol d'oiseau, encore moins dans un de ses bureaux, entre le classeur des « à faire », celui des « fait » et le tiroir entier des « quand on aura le temps ».

J'ai l'air cynique ?

C'est que Louise n'a pas encore fêté ses trois ans que j'ai déjà eu le temps de cerner quels seront nos rapports de parents-usagers-aidants d'enfant handicapé avec la MDPH, cette administration dont on dépend pour à peu près tout mais qu'on ne comprend pour à peu près rien.

À la naissance de Louise, après les vérifications de santé de rigueur, et en troisième position dans l'ordre des impératifs administratifs de « la liste des choses à faire pour devenir une bonne citoyenne française en situation de handicap » figurait : remplir un dossier

MDPH pour demander la reconnaissance de son handicap, son « taux d'invalidité » et demander notamment ses droits à l'allocation pour l'éducation d'un enfant handicapé (nom doux : l'AEEH).

À dix-huit mois à peine, Louise démarrait les séances de psychomotricité à domicile (plus de professionnel disponible dans le centre de soins qu'elle fréquentait bébé). La psychomotricité n'est pas remboursée par la Sécurité sociale, bien que reconnue comme nécessaire pour les enfants comme elle. 40 euros par séance, une séance par semaine, ça fait autant de Kiki et de Barbie en moins à la fin de l'année.

« Tournez-vous vers la MDPH, ça ne devrait pas poser de problème, avec un devis, et puisque le handicap de votre enfant est reconnu, ils prendront en charge sur présentation des factures. Ça n'est pas très compliqué. »

Comment vous dire…

Leçon numéro un à vous qui entrez dans le monde du handicap par la porte administrative – ce n'est même pas une leçon à part entière, c'est un préambule qui vaut pour toute la durée du cours : RIEN ne sera JAMAIS « pas très compliqué ».

Prise en charge de la psychomotricité ? Fort bien. Procurons-nous de nouveau un dossier de demande MDPH (souvenez-vous, le dossier simplifié de vingt pages), remplissons a minima les cases, c'est du luxe, on ne va pas détailler de nouveau le « projet de vie ». En revanche, nous ne bouderons pas notre plaisir de redonner les adresses et numéros de téléphone des parents, état civil de l'enfant, raison de la demande, etc., et le tout à la main s'il vous plaît – on privilégie encore le papier et le crayon, c'est romantique et surtout les demandes en attente permettent de caler les tables bancales de nos salles de réunion.

Remplissage du dossier, photocopie du devis et des factures, envoi en recommandé (toujours) et le plus important, celle sans qui être handicapé en France n'aurait pas cette saveur si particulière : l'attente de plusieurs mois sans aucune nouvelle.

Je patiente et relativise : tout cela n'est après tout « qu »'une histoire d'argent, pas un souci de santé ni de scolarisation, j'aurai bien d'autres occasions de me ronger les sangs à l'avenir.

Mais quand même. Me prend de temps à autre une envie quasi masochiste d'appeler, d'abord chaque mois pour savoir où en est la demande, et davantage le jour où nous recevons un courrier qui nous informe du refus donné à notre demande de prise en charge financière. Allons bon ! J'ai du temps à perdre et j'adore papoter, qu'à cela ne tienne, j'appelle la MDPH pour avoir une explication.

J'ai maintenant une technique à toute épreuve : composition du numéro, mise sur haut-parleur, et pliage du linge ou toute autre tâche ingrate à accomplir pendant les minutes d'attente sur fond de musique classique ou pendant qu'une voix robotique m'égrène les manifestations à venir dans mon département. C'est le secret des usagers rodés : ne pas s'user les nerfs avant la bataille à cause du temps passé à fixer son téléphone et à l'insulter.

Arrive parfois ce moment magique où la musique est interrompue par une voix humaine – oui, une présence ! quelqu'un, un souffle, parfois un soupir, et le mot de bienvenue « Maison départementale des personnes handicapées, Mbublublu, que puis-je faire pour vous ? ». (Oui, j'ai écrit Mbublublu. Pas pour l'anonymat, mais parce que soit mes oreilles ont un défaut, soit mon cerveau a développé un moyen de se protéger, soit leurs téléphones possèdent un dispositif de brouillage remarquable, mais *jamais* je n'arrive à comprendre le nom de la personne qui se présente.)

— Bonjour, Mbublublu. Ici Mme Boudet, j'appelle au sujet de ma fille : nous avons envoyé un dossier de demande de complément d'allocation il y a trois mois et je viens de recevoir un refus mais je ne comprends pas et je…

— Quel est son numéro de dossier, nom prénom date de naissance s'il vous plaît ? m'interrompt Mbublublu.

— Euh… bien sûr.

Et je balance la litanie de chiffres et dates.

— Oui. Alors je vois en effet que vous avez fait cette demande. Ça apparaît bien sur mon ordinateur. Mais je ne peux pas vous en dire plus !

— Intéressant… Mais, comment vous dire, moi, je souhaiterais savoir pourquoi ça bloque. Non parce que si ça se trouve c'est parce qu'il manque un document, mais comment puis-je le savoir, à qui vais-je parler pour donner le document qui manque ?

— Ah non, ce n'est pas en raison d'un document qui manque, sinon on aurait écrit « non parce qu'un document manque ». Là, c'est « non passke c'est non ».

— D'accord, mais tout le monde m'a dit que ça devait être oui, je fais comment ? Puis-je parler avec les gens qui ont pris cette décision ?

— Ah non, vous ne pouvez pas leur parler. Vous pouvez faire un courrier disant : « Ouh là là je m'étonne, ouh là là là je m'esbaudis car l'on m'avait dit que ce serait oui et que finalement c'est non. »

— Mais ce courrier, il sera lu dans cinq mois comme le précédent ?

— Ah non, dans deux à quatre mois.

— Mais qui va le lire ? Les mêmes personnes qui ont déjà dit « Non passke c'est non » ?

— Eh oui.

— Pensez-vous que ces personnes vont me lire, me répondre : « C'était pour déconner ! Finalement oui ! » si je ne sais pas quoi leur donner comme information supplémentaire ?

— Dites des choses en plus, je ne sais pas, vous avez arrêté de travailler ? Vous savez, si on vous a refusé cette aide, c'est peut-être que finalement le handicap de votre fille ne nécessite pas davantage de soins que pour un enfant… euh… un autre enfant, quoi.

— Ma fille a une trisomie 21, zéro différence avec un enfant lambda, ça m'épaterait quand même.

— Ah. (Silence.) Oui. Écoutez, je crois que le mieux pour vous reste de faire ce que je vous ai conseillé en premier lieu : écrivez ce courrier constatant que vous vous esbaudissez que « non ce soit non », alors qu'à votre sens « non c'est plutôt oui quand même ».

— Et vous pensez qu'il sera lu à peu près dans combien de temps ?

— (L'agacement surgit dans la voix de Mbublublu.) Écoutez, madame, nous-même on ne sait pas à quelles dates sont traités les dossiers, en plus ces derniers temps, avec les vacances, les ponts de mai et la grève de la Poste, nos délais sont encore retardés par rapport à la normale… (Je tente de ne pas m'étouffer en calculant combien ça fait, des délais-normaux-de-cinq-mois qui sont retardés, et je m'offre une minute de recueillement à penser que tout de même, c'est pas de bol, tous ces fléaux qui s'acharnent sur une seule et même administration, à mon prochain appel, on va m'annoncer que les dossiers sont perdus, détruits par une invasion de sauterelles ou une pluie de grenouilles. Je ne pipe pas mot. Je sens que mes questions font basculer Mbublublu dans l'agressivité, et une part de moi a bien envie de la rejoindre.) Voilà tout ce que je peux vous dire, madame, il faudra attendre un retour à votre courrier. Bonne journée madame, et bon courage.

C'est ça. « Bon courage. »

# Gris anthracite : la liste

Les heures passées à masser son visage et effectuer des jeux de pointage avec une orthophoniste alors qu'on pourrait jouer à la poupée.

Les minutes à aspirer le nez en hiver – parce que comprenez, les sinus sont plus courts et s'encombrent plus facilement et si ça descend sur les bronches, on est bons pour quatre jours en pédiatrie – alors qu'on devrait jouer à la pâte à modeler.

Les heures à répéter : « Allez, allez, bravo, bravo, c'est sûr que ça va venir ! » en tenant à bout de bras une position debout de guingois sur un matelas de kiné, pour renforcer les muscles hypotoniques et les articulations trop laxes, alors qu'on pourrait enchaîner les courses en tricycle rouge et jaune, à fond, à fond, dans le parc en bas de l'immeuble.

Les minutes par milliers à remplir au Bic noir des formulaires pour justifier, préciser, répéter la nature du handicap et des besoins et s'entendre répondre après des mois : « Avec vos deux salaires, c'est injustifié, si encore madame s'était arrêtée de travailler, mais là, ça ne nécessite pas de complément d'allocation, vous pouvez le financer vous-mêmes », alors qu'on pourrait t'apprendre à tenir tes premiers feutres de couleur et tenter ton plus joli bonhomme patate.

Les jours à se demander où l'on va caser ce rendez-vous kiné, quelle orthophoniste appeler, pourquoi se lever plus tôt pour ça, qui ira te chercher ce jour-ci pour t'emmener là, et le rendez-vous à Necker, non, rien avant six mois, et celui-ci on pourrait le déplacer, mais non l'ORL, c'est trop important, mais important plus ou moins que l'endocrinologue ? C'est quoi le pire, mal entendre ou mal grandir ? Alors qu'on pourrait cocher les cases « rien à signaler » dans les bilans annuels du carnet de santé.

Les nuits à fouiller, se renseigner, rechercher et taper toutes les requêtes possibles dans Google et toutes les questions imaginables dans les forums sur la trisomie 21, sa vie son œuvre, à quoi s'attendre avec un chromosome en plus, qui contacter, quand, comment, à quel âge, comment faire pour le mieux et entouré de qui, à quels pièges se préparer, alors qu'on devrait choisir avec toi si on lira demain *Winnie et ses amis* ou *Petit ours brun apprend à s'habiller.*

Les semaines à se demander à quoi ça sert tout ça, est-ce que ça va te rendre plus heureuse tous ces efforts-là, après tout qu'est-ce qu'on y peut à ton chromosome extra, il y est il y restera, et nous alors est-ce qu'on ne va pas devenir fous à ce rythme-là ?

Et certains soirs, au bout du couloir la fierté que tu portes en étendard dans ce sourire qui illumine une pièce entière lorsque enfin, debout devant nous tu te tiens, défonçant de tes petites mains de bébé qui applaudissent – pif pif pif – tous ces moments de découragement où j'ai voulu laisser tomber.

Effaçant de tes menottes la liste des moments ratés.

## Noir et blanc : le courrier de notification

*(École moins cinq mois)*

Avril, un vendredi soir. J'ouvre la boîte aux lettres en fredonnant. L'air plus léger annonce le printemps qui revient, la journée a été plutôt agréable et ce week-end est plein de promesses, de balades et d'apéros prévus avec les amis. Ça va bien.

Elle me saute au visage comme une araignée se jetterait sur une jeune innocente perdue dans une maison hantée, dans un film d'horreur de série B. LA lettre. Je reconnais le sigle avant même de l'avoir portée à hauteur de mes yeux : tu penses, quatre mois et demi qu'on l'attend, je saurais le décrypter même de nuit dans le brouillard à la lueur d'une allumette, ce logo de la MDPH.

J'attends d'être entrée dans l'appartement, d'avoir défait chaussures et vestes des enfants, donné un goûter à Paul et ses maracas préférées à Louise, avant de m'asseoir et de me décider à l'ouvrir. Cette sacrée lettre est celle qui doit nous annoncer à combien d'heures d'AVS Louise aura droit à la rentrée prochaine – si la commission de la MDPH a estimé qu'elle y a droit.

Première page.

« Notification de décision
Il ne sera pas délivré de duplicata.

Madame, Monsieur,

Je vous informe que la Commission des droits et de l'autonomie des personnes handicapées (CDAPH) réunie le 30/03/2018 a pris la décision suivante :

Accord concernant la validation du projet personnel de scolarisation. (Première demande). Demande déposée le 30/01/2018. »

Deuxième page :

« Accord concernant la demande (demande déposée le 18/01/2018) : Aide humaine à la scolarisation (Première demande) selon la (les) modalité(s) suivante(s) Auxiliaire de vie scolaire mutualisée du 30/03/2018 au 31/08/2021

AVS mutualisée pour :

– Accompagnement dans les actes de la vie quotidienne

– Accompagnement dans l'accès aux activités d'apprentissage

La situation sera réévaluée lors du renouvellement du PPS. Cette décision est transmise à l'inspection académique chargée de lui donner suite en fonction des effectifs d'auxiliaires de vie scolaire. »

Je relis cette succession de mots, deux fois, trois fois, et mon esprit bugge. Je ne comprends rien. Est-ce une bonne et une mauvaise nouvelle ? Je lis « accord pour l'AVS », ça, il me semble que c'est plutôt bon, mais j'ai beau chercher une quatrième page, retourner le texte dans tous les sens, pourquoi ne voit-on aucune mention du nombre d'heures hebdomadaires durant lesquelles cette AVS accompagnera Louise ? Pourquoi attribuer des droits pour trois ans et repréciser aussitôt que la situation « sera réévaluée » lors du renouvellement du PPS ? C'est quoi, déjà, le PPS, j'ai oublié, tous ces sigles ont déjà fondu en un gloubi-boulga d'acronymes dans mon cerveau. Et puis, pourquoi accorder une AVS et préciser deux phrases plus loin que cela sera « en fonction des effectifs d'AVS » ? Qui peut résoudre ces questions, et surtout, quand en saurons-nous plus ?

Nous venons de recevoir une réponse et j'ai l'impression qu'elle ne fait que soulever dix questions supplémentaires. C'est quoi, AVS mutualisée ? Il est 17 heures passé un vendredi et aucun bureau ne sera ouvert, ni à la MDPH ni à l'inspection pour m'éclairer, alors une fois de plus je fais appel au seul qui répond à toutes les questions, nuit comme jour, même au bout de la 256e interrogation : l'ami Google.

AVS mutualisée… « AVS/AESH-m : une aide mutualisée. La personne intervient auprès de plusieurs enfants lorsque les besoins des élèves ne requièrent pas une attention soutenue et continue. Les élèves bénéficiaires d'un AVS/AESH-m peuvent être dans la même classe, dans le même établissement ou bien dans un établissement du même secteur géographique. L'emploi du temps de l'AVS/AESH-m est établi par le directeur de l'école en lien avec la notification de la CDAPH. »

C'est quoi, ce bordel ?

Il est évident que les besoins de Louise requièrent une attention soutenue et continue, d'où ils nous ont sorti une AVS mutualisée ? Si je comprends bien, c'est une personne qui se partage entre plusieurs enfants handicapés, mais combien, et comment ? La directrice de l'école maternelle, que nous avons déjà rencontrée, nous a indiqué que, pour le moment, Louise est la seule élève de l'établissement à avoir besoin d'une AVS. Ça veut dire quoi alors ? Que son auxiliaire va se partager entre plusieurs écoles ? Un bras et une jambe avec Louise, en école maternelle, l'autre jambe en école élémentaire à un autre bout de la ville et le bras qui reste au collège d'à côté pour un élève tétraplégique ?

Et puis d'abord, d'où ça sort, cette histoire de mutualisation ? Tous les papiers que nous avons fournis et les professionnels que nous avons consultés sont d'accord sur le même point : vu son développement moteur et intellectuel, Louise a besoin d'une aide individuelle, avec un bon nombre d'heures par semaine. Et il est un peu difficile d'imaginer, cinq mois avant la rentrée et alors qu'elle ne marche pas encore, ni ne mange seule, ni ne s'habille seule, qu'elle va faire une poussée inexpliquée de développement et faire sa rentrée le 3 septembre, par la grâce des pensées magiques de la MDPH, avec une autonomie démultipliée.

Plus j'essaie de trouver des réponses à mes questions, plus je descends d'un barreau sur l'échelle du découragement. Cette lettre qui devrait nous rassurer pour préparer l'inclusion de Louise à l'école ne fait que nous embrouiller, nous inquiéter et mettre des points d'interrogation supplémentaires dans notre vie. J'envoie un mail à l'enseignante référente chargée du handicap – il paraît que c'est la personne à contacter à la moindre question concernant la scolarité future de Louise. D'ici quelques semaines, je vais la rebaptiser mentalement Mme Épouvantail, en constatant que l'approcher me met dans un état de trouille incroyable, vu que sa silhouette et sa voix sont annonciatrices de mauvaises nouvelles. Pour le moment, ce qui m'inquiète un peu concernant cette « personne-ressources », c'est que lors des deux occasions que j'ai eues de lui parler, elle a toujours commencé par cette question introductive : « Mais avez-vous envisagé avant tout de laisser votre fille une année supplémentaire en crèche ? » et qu'elle n'a toujours pas répondu à mon dernier message, laissé il y a plus d'un mois.

Euh... finalement non. Maintenant que j'arrive au sous-sol de l'espoir concernant ces démarches administratives, je ne vais pas faire appel à une personne qui risque fort de m'indiquer la direction de l'ascenseur si je souhaite descendre plus vite à l'étage – 15.

Rapide mail à une association spécialisée dans l'inclusion des élèves porteurs de handicap, qui aide les parents dans leurs démarches. Rémy est rentré, et même à deux, nous tournons en rond et bloquons sur : comment savoir combien d'heures Louise sera accompagnée par une AVS – si c'est six ou huit heures par semaine comme je peux déjà le lire sur des forums, sur Internet, ça va très mal démarrer, cette belle histoire d'école inclusive. Quand le saurons-nous ? Qui décide et surtout que faire pour prévenir du fait que cette solution nous inquiète grandement ?

Deux heures plus tard, je reçois les réponses de l'association à nos deux questions : « Vous ne le saurez qu'à la rentrée (et ceci, uniquement si l'AVS a été affectée). Et le nombre d'enfants suivis par l'AVS est susceptible de changer en cours d'année. Il n'y a pas tellement de moyens de peser sur la répartition. Tout est affaire de négociation avec le chef d'établissement, ou les chefs d'établissement si l'AVS est affectée sur plusieurs. » Et si cette décision nous semble inadaptée au cas de Louise, c'est parti pour un nouveau tour de manège : il faut déposer un recours auprès de la MDPH et demander un réexamen du dossier pour insister sur le besoin d'une AVS individuelle. Attachons nos ceintures, ça va redécoller sec : qui dit nouvel examen et recours dit nouveaux documents. On peut rappeler la médecin qui suit Louise et demander aux professionnels qui la voient chaque semaine de faire de nouveaux courriers. Passion photocopie : en marche.

Tant pis, c'est reparti. Il est impossible d'envisager d'attendre la rentrée, ou la mi-août, ou plus tard encore avant de savoir comment sera accompagnée Louise.

On remet les machines en route, celles qui impriment, qui photocopient, qui oblitèrent, qui téléphonent, qui mailent, et puis les nôtres, les machines mentales de la petite entreprise déjà en surchauffe, les cerveaux qui se partagent les tâches – toi, tu relances la pédiatre pour un second certificat médical, moi, je rédige la nouvelle lettre, demain tu vois avec la kiné et jeudi, je récupère de mon côté les écrits de l'orthophoniste.

Mettons de nouveau en marche le grand manège, avec un but unique : remettre en cause cette décision qui ne nous a pas été au moins explicitée. Baissons la visière des casques, il faut aller vite et ne pas s'arrêter sous prétexte que le vent de face est trop fort ou pique les yeux : derrière cette lettre de recours, nous savons que l'administration prendra plusieurs mois pour s'interroger et statuer. Quatre ou cinq bons mois, avec, à l'horizon, les grandes vacances et leur planning allégé – « Nous n'examinons aucun dossier entre le 14 juillet et septembre », prévient la MDPH. Un mois et demi dans la vue, mais il faut s'y faire.

Dix jours plus tard, photocopié, archivé, signé, argumenté, un nouveau paquet de feuilles en noir et blanc part de chez nous, direction la MDPH. Et de nouveau, pour nous, il est urgent d'attendre et de continuer à préparer de notre côté, du mieux qu'on peut, la rentrée de Louise.

## Vert kaki : les moments de découragement

Les efforts de Louise, de sa team, de l'équipe de la crèche paient. La demoiselle passe les un an, les dix-huit mois, les deux ans, et elle progresse. Mais lentement, lentement… Et au fil des mois, on ne peut plus que regarder en face ce que l'on fuyait du regard, en tant que parents, les premiers temps de sa vie, au cas où l'on aurait oublié : elle n'est pas comme les autres. On croirait qu'on s'y habitue une fois pour toutes, à cette sacrée idée, n'est-ce pas ? Ça n'est tout de même pas si compliqué à se foutre en tête : elle a un handicap, elle est différente, elle n'est pas pareille, certains la trouveront bizarre, elle est plus lente, fantasque, elle n'aura pas le même chemin que la majorité des gens, etc. Tu t'imprimes ça une fois pour toutes en lettres géantes dans la tête et tu continues ton chemin et puis on n'en parle plus, tu avances avec elle. Simple.

Je me demande si c'est ce qu'imaginent les personnes qui ne vivent pas cette situation. Certainement que oui, puisque c'est ce que j'aurais pensé, auparavant. On annonce le handicap de l'enfant, c'est un raz-de-marée, quelle tristesse, la personne est dévastée, oh la pauvre, on est sincèrement triste pour elle et avec elle, puis elle reprend une certaine routine.

Elle sourit de nouveau, rit même parfois, retourne à son travail, s'installe dans un quotidien qui, même s'il n'est pas celui de tout le monde, en donne quelques apparences. Alors on oublie, et on imagine en toute logique qu'elle aussi, elle « oublie ».

Interrompons notre programme un instant, je vous livre un scoop en direct de Handicap-Land. Non, on n'oublie jamais. Et non, on ne s'y fait jamais tout à fait non plus. J'aimerais que ce soit le cas, mais la règle du jeu n'est pas celle-ci. Tu crois que tu vis avec, que ça va. En effet, tu ris, tu sors, tu t'amuses, tu peux passer quelques journées sans parler du handicap ou de ce qui l'entoure, tu peux même commencer à croire que tu vis la même existence que tes meilleurs potes, jeunes parents épuisés d'enfants en bas âge. Mais en réalité, chaque jour peut surgir un micro-événement qui va te replacer dans « la » situation : celle d'une annonce permanente du handicap.

Il y a par exemple ce soir où tu viens récupérer ta fille à la crèche et où tu la trouves assise dans son coin à se balancer d'avant en arrière – parce qu'elle est un peu fatiguée ou débordée par ses émotions, alors que tous les autres sont occupés à faire des puzzles et autres jeux d'encastrement. Les mêmes jeux que tu n'envisageras pas de faire avant au moins un an, car, pour le moment, le passe-temps préféré de la petite est de tout jeter.

Et puis il y a ce dimanche matin au square en bas de l'immeuble, où les gamins de son âge courent dans tous les sens alors que la tienne est toujours le cul par terre, à se déplacer à sa drôle de manière – le fameux « sauté tiré sur les fesses ». Tu en reconnais un ou deux dont les mamans étaient enceintes en même temps que toi, et tu te dis que non, ce n'est pas possible, ce doit être son aîné, pas le bébé qu'elle a eu elle aussi en 2015, ou bien est-ce que le temps passe plus vite sur leur planète vu que le gamin en question remonte le toboggan à contresens, monte et descend une échelle et sait déjà harceler sa génitrice à coups de « maman maman maman maman maman » ?

Et puis il y a ce mardi matin, à la crèche toujours, où l'une des grandes copines de ta fille, la voyant déployer sa nouvelle technique de déplacement à quatre pattes, dit, sans méchanceté aucune : « Oooh, elle est comme un petit escargot qui avance tout doucement par terre. » Que dire, à part sourire parce que c'est poétiquement dit et si vrai : ma Louise est un joli petit escargot. Parfois je l'oublie, mais quand la réalité me revient en pleine face, ce n'est pas à la vitesse d'un escargot, elle, et ça continue à faire des pointes au ventre, comme des répliques en miniature du coup de poignard originel.

C'est un deuil permanent, d'être une maman escargot. Une succession de petits, micro, mini, nano deuils, qui passent, parfois vite, parfois plus lentement, après lesquels on rebondit plus ou moins bien, et à qui on apprend à faire une place pour ne pas qu'ils nous écrasent – car croyez-moi, c'est comme un Parisien en bagnole, il la prendra, cette place disponible, qu'il ait à vous rouler dessus ou non, alors autant la lui laisser si vous avez envie d'une journée paisible. Avoir un enfant pas comme les autres, ça vous apprend, de gré ou de force, que certaines choses ne dépendent pas de vous, et que votre seule latitude est soit de les accepter, soit de vous battre mentalement contre (indice : ce combat-là est perdu d'avance, vous déclarerez forfait). Laisser couler, accepter, attendre le lendemain, que ça aille mieux.

Tenez, à la crèche par exemple. Quand j'arrive le lendemain matin, Louise dans les bras, et que je vois son trio magique de copain-copines l'accueillir aux cris de « Ouise, Ouise ! », Clémence se précipiter pour la coiffer, Anaïs se réjouir auprès de moi parce que « Louise commence à marcher, c'est plus un bébé » ou Vincent s'asseoir à côté d'elle pour trier-balancer des Duplo, oui, ça va mieux, le lendemain. Ce ne sont pas que des vains mots. Mon petit escargot est bien entouré. « Elle a des amis, tu vois ? », hurle ma grosse voix intérieure de 2018 à la voix craintive de 2015, juste après sa naissance, qui répétait que cette enfant n'aurait pas de copains. Elle en a, et c'est assez fascinant à observer. Il existe de véritables affinités, même dès deux, trois ans, car ce sont toujours les mêmes enfants qui entourent Louise, la chouchoutent, viennent la titiller. Les mêmes aussi vers lesquels elle va spontanément si elle en a l'envie.

Oui, ça peut aller mieux le lendemain, même si on vous les cache, les microdeuils. J'aurais dû mettre un euro dans une tirelire chaque fois que j'ai eu la gorge nouée par l'émotion, au sein des murs pastel de cette crèche, je serais déjà millionnaire. Comme chaque 21 mars, journée mondiale de la trisomie 21, où ont été affichés sur les murs des posters de sensibilisation – pour les autres parents – mais aussi des dessins et collages faits pour Louise par sa section, pour l'occasion. Ou cet après-midi où je découvris dans les couloirs des collages avec les têtes des enfants placés comme autant de passagers sur un avion dessiné au feutre. Ne trouvant pas le visage de Louise, je remballai ma déception, me disant qu'elle n'avait sûrement pas voulu faire l'activité, ou était absente, ou bien était-ce trop compliqué ou… quand mon regard s'est porté sur le collage d'à côté, avec, sous la casquette du commandant de bord la bouille de ma poussinette. Ou ces soirs où l'on est repartis de la crèche avec, sous le bras, la dernière création de l'enfant chéri – collage, peinture ou dessin – sachant très bien que non, ce n'est pas Louise toute seule qui l'a fait, mais avec une grosse bouffée de gratitude pour la grande main qui a tenu la petite pour manier le pinceau, quitte à se prendre des demi-litres de peinture verte sur le visage. Tout ça pour que Louise aussi ait son « travail » à rapporter à la maison, comme les autres.

comme autant de passages [illegible] destiné au [illegible]. Ne [illegible] pas la [illegible] de la [illegible], je [illegible] la [illegible] les [illegible] qu'elle n'avait su [illegible] [illegible] ou bien [illegible] [illegible] quand elle [illegible] qu'il [illegible] avec, sous la casquette du [illegible] [illegible] [illegible] Ou ces [illegible] de [illegible] avec, sous le bras, la dernière [illegible] de [illegible] chez [illegible] l'âge [illegible] [illegible] ce n'est pas [illegible] seule qu'elle [illegible] mais avec une grosse bouffée [illegible] pour le [illegible] qui [illegible] pour [illegible] la [illegible] [illegible] se prétendre [illegible] quelque [illegible] sur le [illegible] [illegible] [illegible] les autres.

## Noir et blanc : l'équipe éducative

*(École moins trois mois)*

— Bonjour, bonjour… (J'espère que ma poignée de main n'est pas trop moite.) Bonjour, je suis Mme Boudet, je suis la maman de Louise, voici Rémy, le papa. (On entend que mon rire est gêné ? Ça se voit que des auréoles de sueur commencent à se former sous mes aisselles ? Et pourquoi j'ai mis un haut sombre, aussi, avec la chaleur qu'il fait aujourd'hui, ajoutée au stress de cette réunion ?) Bonjour… merci d'être là (Bon sang, mais pourquoi je parle comme ça ? On dirait Jacques Chirac en visite au Salon de l'agriculture, reprends-toi, Caroline ! Sois naturelle !)

J'espère que nous ne sommes pas les derniers, en ce mardi après-midi de juin, à pousser la porte de l'école. Ça ferait mauvais genre. Trois mois que cette réunion est fixée, à la demande de la directrice de l'école maternelle. Enfin, pas réunion, pardon, « équipe éducative », puisque tant qu'à s'immerger dans l'Éducation nationale, autant parler son jargon.

Excusez encore une fois mon cynisme, il est lié à la pression, car cette équipe éducative est plutôt une bonne chose, si vous voulez mon avis. Le principe est de rassembler autour d'une même table tous les professionnels concernés par la rentrée de l'enfant avec handicap, histoire de préparer l'événement au mieux, puisque souvenez-vous, on lance une fusée le 3 septembre en mettant Louise sur orbite de l'Éducation nationale. Mais ça ne m'empêche pas d'être tendue comme une corde de guitare – et Rémy hallucine. Il y a de quoi : nous sommes treize autour de cette fameuse table, dans une salle de réunion à l'abri du ronronnement de cette école et de ses quatre cents élèves, en classes de maternelle et élémentaire, qui autour et au-dessus de nous comptent, lisent, font la sieste, écrivent une histoire, regardent par la fenêtre si un écureuil ne passerait pas dans la cour ou somnolent les yeux ouverts. Treize, donc (ne pas penser aux derniers événements de l'Histoire connus pour avoir assez mal tourné après avoir accueilli treize convives à la même tablée, non, ce n'est le signe de rien), pour cette équipe éducative : directrice d'école, future enseignante, future Atsem (la personne qui assiste la maîtresse en classe de maternelle), référente handicap de l'Éducation nationale – c'est la remplaçante de Mme Épouvantail, qui est absente –, responsable de l'équipe d'animation, représentant de la mairie (pour évoquer la cantine et les temps périscolaires), directrice de la crèche et référente de Louise à la crèche, kiné, orthophoniste, psychomotricienne.

Ah, et bien sûr, au milieu de tout ça, les deux spationautes adjoints à Louise, ceux qui resteront dans la navette tandis qu'elle fera ses premiers pas sur un astre éloigné : « les parents », Rémy et moi, gorge nouée, sueur au front et bien habillés « parce qu'il ne faut pas faire mauvais genre ». Tu sais, ceux dont l'Histoire ne retiendra rien, mais sans qui rien ne se ferait non plus.

Respirons un bon coup et c'est parti pour le tour de table.

Pour simplifier les choses, Louise est la première et seule élève avec un handicap à être scolarisée dans cette école récente – rebelote, comme à la crèche nous devrons jouer les pionniers qui défrichent le Grand Ouest de l'inclusion. Notre objectif – et ne riez pas, comme pour l'oral du bac, nous avons quasiment préparé nos fiches et revu nos buts ensemble : expliquer, poser quelques questions, mais surtout, rassurer. Et accessoirement, cacher que de notre côté nous ne le sommes pas du tout (rassurés). L'une des premières leçons de l'inclusion d'un enfant handicapé, c'est que si toi, parent, tu as l'air de flancher, tout s'écroule car ce n'est pas l'institution qui va jouer la méthode Coué et parier sur l'avenir à ta place. Je l'ai bien entendu déjà trois fois, le refrain : « Mais vous êtes sûre qu'elle ne serait pas mieux… » (ajouter le lieu qui vous convient : à la crèche, avec des petits enfants qui lui ressemblent, ou dans un cirque, selon les époques). Au menu de notre exposé oral : présentation de Louise, de sa particularité, de son histoire, de ses journées, de ses forces, de ses faiblesses, et quelques questions pratiques à poser. Je devrais rédiger une fiche Wikipedia, à ce stade, ce serait plus simple pour tout le monde.

Le plus drôle dans tout ça, c'est la plus grande question, celle que tout le monde se pose mais à laquelle personne n'a de réponse : « Et sinon, aura-t-elle une AVS à la rentrée ? » Cette histoire d'AVS, c'est comme « l'éléphant dans la pièce » qu'évoque une expression anglaise : tout le monde le voit mais personne n'en parle. (Pourtant, il a déjà renversé la table et piétiné les verres.) À cette question, donc, personne n'a de réponse, à commencer par celle qui gère les plannings des AVS : l'enseignante référente. Mais il s'avère que celle qui est présente aujourd'hui est une remplaçante qui ne semble pas savoir comment ça se passe, et qui tout au long de la réunion n'aura « rien à ajouter », ni rien à noter à part les noms des participants à cette équipe éducative. Merci pour ce moment, madame.

Au tour de la future maîtresse de se présenter. C'est rassurant : elle est ravie, motivée, va arriver dans cette école à la rentrée prochaine et se fait une joie d'accueillir une élève comme Louise. (Spoiler, comme dans les séries américaines, je vous livre le rebondissement à l'avance : ce ne sera finalement pas elle la maîtresse de Louise, puisque la loterie de l'Éducation nationale l'enverra le 28 août enseigner dans une autre ville.) L'Atsem, elle aussi, est très sympathique et chaleureuse, la directrice souriante et confiante, l'équipe de la mairie très arrangeante (non, aucun problème pour la cantine, oui, on note que si Louise a une AVS individuelle, on lui proposera de travailler en plus sur les heures des repas, ce qui devrait arranger tout le monde : Louise qui ne mange toujours pas seule, l'AVS puisque leurs contrats de vingt heures par semaine mettent peu de beurre dans les haricots, et les parents, qui avaient peur qu'on ne leur demande de se dédoubler pour venir récupérer leur fille le temps de la pause déjeuner parce que le temps de cantine « n'est pas du temps Éducation nationale » et donc pas considéré comme du temps de travail pour l'AVS qui est payée par l'Éducation nationale. C'est bien clair ?)

Au tour des parents de soulever une question complexe : l'organisation et le planning des activités « extrascolaires » de Louise. Malheureusement dans son cas, on ne parle ni d'éveil au solfège, ni d'équitation, ni de babygym, mais bien de ses séances quotidiennes d'orthophonie, de kinésithérapie et de psychomotricité. Pour ne pas trop bousculer les choses, pour le bien de Louise, pour celui de sa famille, nous souhaitons pouvoir continuer ce qui a été mis en place à la crèche : des séances sur place, à l'école, intégrées dans le déroulement de sa journée, et pour lesquelles ce sont les professionnelles qui se déplacent. Celles-ci sont d'accord pour continuer à jouer le jeu, la directrice d'école n'y voit pas d'inconvénient, la maîtresse non plus – Louise s'absentera une petite demi-heure de la classe, rien de dramatique. Reste à trouver où cela se déroulera : l'école dispose d'une salle supplémentaire dévolue à l'accueil périscolaire soir et matin. Elle est libre en journée, cela arrange tout le monde, je peux souffler. On va même jusqu'à caler avec la team Louise les horaires et les journées qui arrangent le mieux tout le monde, en phase aussi avec le rythme scolaire, et c'est plié !

Ma petite voix pessimiste me dit que c'est trop beau pour être vrai, et pourtant tout semble carré : cette rentrée prend décidément bonne forme et, AVS ou pas AVS, je trouve autour de cette table beaucoup de bonnes volontés qui ont envie d'accompagner Louise et de nous aider. Je souffle un bon coup.

Au tour de Véronique, sa référente de crèche, de répondre aux questions des futures directrice et enseignante. Elle qui côtoie Louise cinq jours sur sept depuis trois années maintenant, comment cela se passe-t-il ? Qu'est-ce que cela veut dire, au jour le jour, une petite fille porteuse de trisomie ? Véronique se tortille sur sa chaise, aussi intimidée que nous face à cette assemblée, et revient trois ans en arrière. Elle se souvient très bien. Quand la directrice de la crèche lui a annoncé qu'elle aurait dans son groupe de bébés une petite fille avec trisomie 21, elle a d'abord eu peur de ne pas savoir bien faire : après tout, dans sa formation, le handicap se résumait à un survol théorique de quelques heures. Et puis elle a rencontré Louise. Jour après jour, elles ont fait connaissance, ses habitudes, son caractère, ses regards, sa manière bien à elle de s'exprimer ou pas, ses progrès, ses moments difficiles, les maladies, les bonds en avant des progrès. Et au final, elle se rend compte que Louise lui a beaucoup plus apporté qu'elle n'a pu lui donner. Louise a trouvé sa place, et en a définitivement une, au sein de son groupe d'âge.

On entend deux mouches et un moustique voler dans la pièce. Je vois Rémy déglutir péniblement. Je regarde en l'air, je vois les yeux de Véronique devenir humides, je me récite le mantra « ne pas pleurer, ne pas pleurer, ne pas pleurer » et j'enfonce mes ongles de la main droite dans le tendre de ma main gauche, histoire de faire diversion auprès de mon usine à larmes. Véronique conclut, la gorge serrée, par « … Et je redoute le 3 août prochain lorsqu'il faudra quitter Louise. »

Là, si le jury n'est pas convaincu qu'il faut absolument prendre Louise dans son équipe, je ne vois pas ce que l'on peut faire de plus. Je m'attends à voir la directrice ou l'enseignante buzzer pour faire pivoter son gros fauteuil rouge, dans une mise en scène digne de « The Voice ».

Retour à la réalité. Nous ne sommes pas sur le plateau d'une première partie de soirée, mais bien dans une « équipe éducative », l'heure tourne, et si plus personne n'a de questions ou rien à ajouter, nous allons en rester là en nous félicitant d'avoir bien avancé. Re-poignées de main, re-amabilités, Rémy et moi restons pour échanger quelques minutes avec la future maîtresse, celle-ci nous fait décidément de plus en plus bonne impression, et nous quittons le comité de préparation à la mise en orbite de la fusée Louise soulagés de plusieurs tonnes d'inquiétude que nous portions sur le dos en arrivant. Finalement, nous avions tort de nous inquiéter, tout est calé, et tout va bien se passer. Nous pouvons souffler pour tout l'été.

Ou pas.

Mais nous ne le savons pas encore.

## Rose pas bonbon : le couple

« Et vous deux, ça va ? » La question tombe, parfois. D'abord, tu as presque un moment d'hésitation. Nous deux ? Ah, oui, ce « nous deux »-là… Le couple.

« Nous deux… », c'est quand le papa et la maman sont effacés, que Wonderwoman et le chevalier blanc ont déposé les armes, le soir, parce que ça pèse lourd, les épées de parent d'enfant spécial.

Nous deux, comment ça va… J'ai du mal à avoir une réponse à cette question. Parce que évidemment, derrière cette question, il faut entendre : « Et vous deux, comment ça va, avec le handicap ? »

Il faudrait que j'aie en parallèle, sous le nez, le livre de *Nous deux, comment ça aurait été* sans le 47e chromosome en bagage surprise dans le coffre. Il me semble qu'être parents de deux (ou trois, ou quatre, ou cinq si vous êtes des aventuriers) jeunes enfants, c'est une situation à risque pour le « nous deux », non ? C'est un peu comme prendre la route en couple. Une chose est sûre : si le trajet dure plus de dix minutes, vous trouverez bien un moyen de vous engueuler. « Tu vas trop vite. » « Tais-toi tu me déconcentres. » « J'ai pas besoin d'un nouveau moniteur d'auto-école, continue comme ça et je te dépose au bord de la route. » « Oui, c'est ça, dépose-moi je préfère encore faire les quatre cent cinquante derniers kilomètres à pied qu'avec toi au volant ! » « Et lui, là, tu ne l'avais pas vu, mais tu penses à quoi ? Tu veux que je conduise ? »

Si on imagine les quelques années de parentalité d'enfants en bas âge comme un trajet de huit cents kilomètres à faire à deux, je dirais qu'avec la malle du handicap à l'arrière, tout est un peu plus lourd.

D'emblée, à l'agence de location de voitures pour jeunes parents, on nous a refourgué un modèle ancien. Pas du tout la familiale que nous avions demandée sur Internet. Nous, nous avons pris place dans une 4L antique. C'est le modèle Trophy Handicap, pas le SUV avec airbags dont on rêvait. La direction est moins souple. On accélère moins aisément. Passager et conducteur sont plus fatigués, plus tendus. On ne nous a fourni aucun GPS au départ, alors il va falloir faire le chemin sans savoir ni où nous allons précisément, ni quelle est la route la plus courte, ni où se trouvent les aires de repos. On nous a refilé le tacot. Les autres nous dépassent en nous faisant coucou : ils ont l'ABS, la voix feutrée du guidage électronique leur indique dix minutes à l'avance quand il faudra prendre à gauche à l'embranchement, ils ont le choix entre la voie la plus courte et la moins chère en frais de péage.

Bonne route, la vie de couple !

On s'engueule aussi bien dans un monospace climatisé, vous le savez comme moi. Mais la 4L Trophy Handicap, c'est encore plus rigolo, les occasions de se déchirer sont plus nombreuses. On sent bien les dos-d'âne en traversant les bourgs paumés : Hospitalisation-sur-Seine et Rééducation-sous-Bois. On a un peu plus froid dans l'habitacle quand on arrive au col de Scolarité, beaucoup plus chaud quand on traverse en août le plateau de Pas-de-Progrès. Et sans guidage GPS, l'autre aura tout loisir de ne pas être foutu de se concentrer sur la lecture d'une carte routière : « C'est quand même pas compliqué de me prévenir qu'il fallait tourner là pour la MDPH, et toi, non, tu t'endors, alors que c'est moi qui conduis depuis trois heures ! »

J'ai de vagues souvenirs d'« avant », quand nous étions équipés d'une berline familiale toutes options, le modèle « dans la norme », pour notre premier enfant. Je suis consciente que ce n'était pas tous les jours facile pour autant. Mais faut dire ce qui est, cette 4L Trophy Handicap, tout est plus fragile, elle tient par des bouts de ficelle, cette bagnole ! Du sparadrap marron rafistole la poignée de la vitre passager. Une subtile odeur de moisi monte de la moquette intérieure. Et par un trou du plancher, à l'arrière, là où prennent place les enfants, on peut voir le bitume défiler. À tout moment, ça craque, ça se déglingue, il faut descendre et réparer. Et si on ne s'y met pas à deux, c'est impossible car il faut bien quatre mains pour retaper une Trophy Handicap. Pareil pour la diriger : un qui tient fort le volant – « Où t'as vu qu'on avait la direction assistée, dis-moi ! » –, l'autre qui appuie fort sur la pédale d'accélérateur dans les montées.

C'est qu'il y en a, des côtes. Parce que ce type de bagnole n'est plus accepté sur les autoroutes ni dans les grandes agglomérations depuis bien longtemps. Pas assez rapide, trop polluante, la 4L Trophy Handicap. Donc on prend les chemins de traverse, les départementales mal entretenues, on s'aventure même à travers champs – c'est l'avantage de ces vieilles guimbardes, ça ne craint pas grand-chose et ça en a vu d'autres. Parfois, on est bien content d'avoir juste le plaisir de rouler, et que rien ne débloque, quand le véhicule est lancé en descente sur une longue ligne droite à l'image des highways américains, avec l'horizon pour seule destination. Tu respires, tu ris, tu chantes au volant avec les enfants qui tapent des mains derrière. Ils ont même le droit de s'allonger sur la banquette arrière car c'est une voiture à l'ancienne qui nous gratifie parfois de plus de liberté.

Et parfois c'est trop.

Parfois on ne peut plus s'entendre pour la faire avancer, un nid-de-poule trop violent pour l'un, un gros coup de fatigue pour l'autre, et la voiture du couple s'arrête au bord du chemin vicinal, dans une flaque de boue.

L'une lance : « Sans moi, il n'y aurait pas de moteur ni d'essence, car qui des deux pense toujours à faire le plein ? » L'autre réplique : « Sans moi, on tournerait toujours en rond car qui sait réparer la direction et parler aux autorités qui veulent nous retirer l'autorisation de rouler ? » On se crie dessus. On s'oublie, on donne des coups de pied dans la carcasse de cette foutue bagnole. On retrouve sous le siège avant un formulaire de demande AEEH (allocation d'éducation de l'enfant handicapé) qui n'a pas été posté. On hurle sur l'autre qui demande : « C'est quoi déjà l'AEEH ? », preuve irréfutable de sa culpabilité et de sa non-implication qui lui vaudra le peloton d'exécution conjugal. On n'est plus deux, on est un plus un, et on voudrait tant se barrer chacun sur une moto dernier cri, aller voir plus loin si l'air n'y est pas plus doux que dans cette guimbarde.

Ce que l'on ne voit pas, c'est qu'à six cents mètres de là à vol d'oiseau, le couple que nous avons vu passer il y a deux heures dans leur SUV rutilant au moteur ronronnant est arrêté au restoroute et s'engueule, lui aussi. Autres raisons, autres questions : elle a sûrement contredit les indications du GPS et il l'a effrayée en collant un poids lourd.

En voiture, on trouve toujours une bonne raison de s'engueuler, ça fait partie du trajet.

On respire et on oublie les motos, les SUV. C'est moche et tape-à-l'œil. Il faut continuer. On a envie de le voir, ce paysage, peu importe que ce soit d'une autoroute ou d'une départementale. Et cette foutue 4L, on n'est jamais trop de deux pour la pousser hors de l'ornière, un qui tient le volant, l'autre qui pose une planche sous le pneu.

Et elle repart. On sait que c'est grâce à nous, uniquement grâce à nous deux. On rajuste l'élastique qui maintient le rétroviseur dans le bon axe. On tape dans la portière enfoncée lors du dernier arrêt au parking. Ça ira comme ça, elle est toujours jolie, notre 4L, avec des efforts. Et surtout : c'est la nôtre.

## Noir et blanc : l'inclusion ? Oui ! Mais…

L'inclusion à l'école. C'est beau. Ça sent bon. Tout le monde est pour. Bien sûr que les enfants ont tous droit à l'école ! Bien sûr que c'est ainsi qu'on fabrique des citoyens solidaires, responsables, empathiques. Bien sûr…

Oui mais…

*Oui mais… attention, faudra une AVS.*

Les parents : OK, on demande une AVS.

*Oui mais attention, rien ne dit que vous l'aurez, et la demande prendra six mois.*

Les parents : OK, on s'y prend six mois à l'avance. Donc, c'est bon pour l'inclusion ?

*Oui ! Mais… si votre enfant n'arrive pas à manger seul, faudra demander à son AVS de l'accompagner aussi à la cantine. Si elle peut. Sinon, pas de cantine.*

Les parents : Ah bon ? Pas de cantine ?

*Oui ! L'inclusion, c'est comme ça, c'est très joli à dire et à lire, mais si l'inclusion, ça nous coûte, là, c'est autre chose.*

Les parents : Bon. On verra pour la cantine, OK. Alors sinon, pour l'inclusion, c'est bon ?

*OUI ! ! ! Mais vous savez, nous, on n'est pas formés, hein. Faudra qu'on fasse des réunions, et tout.*

Les parents : Pas de problème. Nous n'étions pas

formés non plus quand le handicap nous est tombé dessus. Faisons des réunions, on vous explique, pas de problème. Donc c'est bon, pour l'inclusion ?

*Ouiiiii ! Mais...*

Et la liste s'allonge. Et tu sens que t'en as pris pour perpète parce que « l'inclusion scolaire » c'est un peu comme la paix dans le monde ou la fin du cancer. Tout le monde est pour, jusqu'à ce que ça coûte : du temps, de l'argent, des efforts personnels, le confort de son propre enfant, un « ralentissement de la classe ».

Et toi, le parent néophyte de cette si jolie inclusion, t'es là, bras ballants, Don Quichotte de l'école de la République avec ses moulins qui ventilent du rien... Tu dois convaincre, tu dois te battre, tu dois leur VENDRE cet enfant « inclus ».

Et tandis que tu replies déjà ton ras-le-bol pour le ranger comme un mouchoir sous ta fierté, dans ta poche, tu te dis qu'on devrait débaptiser « l'inclusion des personnes handicapées » pour la renommer « inclusion-oui-mais ».

## Beige : ces mots qui ne viennent pas

Louise ne parle pas. On s'y fait, on patiente, on se raisonne : ça viendra… D'autres jours, on se dit : non, ça ne va pas, et plus le temps passe, plus cette absence de mots est source de frustration. Ça ne signifie pas qu'elle ne s'exprime pas, ça, non. Petite Louise démontre au quotidien que la communication n'est pas qu'affaire de mots – tourner la tête quand on est fâché, s'asseoir à table quand on a faim, tendre les bras pour faire un câlin ou pousser des cris de joie sont tout aussi efficaces qu'une phrase – mais tout de même…

Il y a des soirs où j'aimerais qu'elle puisse me raconter ce qu'elle a fait à la crèche, même quatre mots, même trois mots. Il y a des nuits où je me sentirais moins perdue si elle pouvait nommer l'endroit où elle a mal, pourquoi elle se met à pleurer – est-ce la fatigue, la faim ou la douleur ? Il y a des journées où je n'ai plus envie de faire l'interprète et de répondre aux « autres » qui me demandent : « Ça veut dire quoi, quand elle fait ça ? »

Parce que la vérité, c'est que souvent je n'en ai aucune idée. J'ai appris sur le tas, à parler le Louise, moi. C'est comme explorer un pays inconnu avec seulement trois notions du dialecte des autochtones. À force d'observation, j'apprends, je déduis. Quand elle se frotte la tête avec la main, ça ne signifie pas qu'elle a mal à l'oreille mais qu'elle est fatiguée et a besoin d'un moment calme, comme un autre enfant frotterait son doudou contre sa joue. Quand elle crie depuis son lit, ce n'est pas qu'elle a mal, mais une façon de nous appeler, de nous signaler qu'elle est réveillée et qu'elle aimerait bien que ce soit le cas pour toute la famille.

Certes, il y a les signes. La langue des signes simplifiée, dont on nous rebat les oreilles. « C'est bon pour tous les enfants, vous savez, d'ailleurs plein de crèches ont mis en place l'utilisation de quelques signes, afin que les enfants qui ne parlent pas encore ne se sentent pas frustrés et puissent communiquer. » Les fameux signes que nous, parents, faisons depuis plus de deux ans. D'abord avec le sentiment de faire les guignols dans le vide, en vain, parce que, en face, sur la planète Louise, l'habitante ne répète ni ne semble comprendre nos fameux signes. Jusqu'à ce qu'un jour se dessine de façon malhabile deux petites mains qui semblent bien signer : « Encore ! », puis « Manger ». Au moins, ma fille a le sens des priorités. Alors comme ça a l'air de rentrer, on les mouline, les signes : j'achète un livre avec le vocabulaire du quotidien, j'informe toute la famille qu'il faut qu'on apprenne cinq signes par semaine. Mais rebelote : la petite extraterrestre n'a pas très envie d'en apprendre de nouveaux tout de suite tout de suite.

Il paraît que « c'est comme ça », pour les enfants dits ordinaires comme pour ceux avec trisomie : les apprentissages ne se font pas de façon linéaire. On ne peut pas tout assimiler à la fois, se mettre à marcher et à parler, et puis chaque chose en son temps… J'ai beau le savoir et en être consciente, une partie de moi a envie de répondre : « et patati, et patata, gnagnagna ». Moi, je sais que la relation avec l'autre, y compris avec son enfant, prend une tournure différente avec des mots. Même si l'absence de mots de Louise nous oblige à développer d'autres sens, des façons plus originales et subtiles d'entrer en lien avec elle : je-veux-des-mots ! Des pleines brassées, pas les miettes qu'elle nous lance de temps en temps, ici un « Mama », là un « Dada », hier un « Miam miam », des hameçons qu'elle jette au fil de l'eau pour ferrer son entourage, avant de vite remonter la ligne et de rempocher ses appâts. Pour combien de temps ? Elle seule le sait. Et encore. Ses débuts de mots sont des perles précieuses qu'elle offre quand on s'y attend le moins pour rester de belles surprises.

Mais il n'y a pas que pour moi que ce manque de mots me frustre. Je voudrais que Louise puisse parler le Louise avec tout le monde, expliquer aux autres enfants que, quand elle arrive à pleine vitesse sur eux, bras tendus et en riant, ça n'est pas pour les agresser mais pour leur donner un gros câlin. Plus les mois passent, et moins elle évolue dans un univers où le langage corporel suffit pour interagir. Je voudrais lui donner les mots pour que les enfants de son âge cessent de croire qu'elle est davantage « un bébé » qu'eux, lui offrir les phrases pour qu'elle puisse leur demander s'ils veulent danser avec elle, lui peaufiner des discours pour qu'elle réponde à leurs propositions de jeux ou de goûter à la maison… lui apporter sur un plateau la compréhension de ce qu'est un « non ! tu arrêtes » pour lui éviter de s'entêter dans une amitié maladroite quand, de toute évidence, l'autre a envie de jouer tout seul. Tout le monde n'a pas la bonne pâte de son grand frère...

Heureusement, elle a son sourire comme traducteur universel, ses grands yeux doux comme passeport diplomatique, et elle se débrouille bien, ma petite ambassadrice du royaume millénaire de Trisomie.

## Noir et blanc : iceberg droit devant !

*(École moins deux mois)*

*Avertissement :*

*Chère lectrice, cher lecteur,*

*Si ce livre était de la fiction, voire un film, on s'approcherait ici de ce qu'on appelle le coup de théâtre. La dramaturgie de la scène, somme toute banale, serait renforcée par des effets musicaux : violons légers au début, grosse caisse au moment où ça craque et tout l'orchestre qui s'y met ensuite pour souligner le désespoir de l'héroïne. Comme je n'ai pas les moyens de financer la bande-son, je te propose, pour vivre au mieux cette scène, de retrouver ton vieux CD de la BO de* Titanic, *de te caler juste avant que le navire insubmersible n'approche l'iceberg, et de dérouler jusqu'au naufrage.*

*Bonne séance !*

Dernier vendredi avant les grandes vacances, 16 h 30.

Plan large sur la mère de famille qui vaque à ses occupations dans son salon. Elle a fini de travailler, ce sera bientôt l'heure d'aller chercher les enfants à la crèche et à l'école, la routine. Dehors, le grand soleil de fin juin fait danser par la vitre ouverte les grains de poussière en suspension dans l'air. Aucun bruit de moteur, par la fenêtre ne parviennent que les cris de préados qui s'amusent dans le square voisin.

Sonnerie de téléphone.

(Plan serré sur l'appareil et le numéro qui s'affiche sur l'écran. Air étonné de la mère de famille, regard qui signifie « Tiens, je ne connais pas ce numéro… Peut-être le boulot, je réponds ».)

— Mme Boudet ? Bonjour ! C'est Mme Épouvantail, l'enseignante référente, votre ressource sur les questions de scolarisation et de handicap.

(Envoyez les staccatos de violon pour souligner le cœur de la mère de famille qui s'emballe alors qu'elle reconnaît le nom de « la personne-ressource dans l'Éducation nationale », celle dont elle n'a eu aucune nouvelle depuis trois mois, celle qui devrait pouvoir répondre à *toutes* les questions sur l'AVS et qui jusque-là n'a répondu à rien.)

— Bon… bonjour.

— Vous allez bien ? Je vous appelle concernant la rentrée de Louise, en septembre prochain.

— Oui ? On a du nouveau concernant l'AVS ? Le nombre d'heures ?

— Non, non, ce n'est pas cela… J'ai appris que vous vous étiez arrangés pour que les professionnels qui suivent Louise fassent leurs interventions dans l'école, sur les journées scolaires.

— Oui, exactement. Tout est calé, la directrice est au courant et on a vu ça avec votre remplaçante.

— Ma remplaçante, oui, enfin c'est embêtant car nous avons eu la chance d'avoir une remplaçante mais, voyez-vous, elle ne connaît pas le métier. Elle fait juste « office de ». Donc elle ne pouvait pas savoir… Mais je vous appelle pour vous informer que, malheureusement, il ne va pas être possible de faire les séances de rééducation de Louise à l'école.

(Coup de cymbale et roulement de grosses caisses. La mère de famille déglutit. Elle se retient de chanceler en s'appuyant sur l'îlot central de sa cuisine Ikea).

— Comment ? Mais… pourquoi ? Que… Comment ? Pourquoi vous ne me dites ça que maintenant ? Mais ça n'est pas possible, on a tout organisé, ça nous a pris des semaines, tout le monde était d'accord et même les horaires sont calés ! Vous ne pouvez pas m'appeler maintenant et me dire ça !

(Au fur et à mesure que la voix de la mère de famille s'emballe et monte dans les aigus, les instruments à cordes jouent de plus en plus fort. Stridents. Pensez *Psychose* ou *Dents de la mer.*)

— Je suis vraiment désolée, madame, je comprends ce que vous ressentez mais…

— Vous *comprenez* ? Mais vous ne comprenez rien du tout ! Moi, je le vis ! Nous préparons cela avec les équipes de la crèche et de l'école depuis des mois, et vous m'appelez cinq jours avant la fermeture des classes pour me dire qu'il faut tout chambouler pour la rentrée ? Mais c'est impossible, madame, impossible, je ne peux pas entendre ça !

— Madame, j'ai le mauvais rôle, je ne fais que transmettre le message, ce n'est pas moi qui décide, c'est…

— Alors qui décide ?

— C'est l'inspectrice de circonscription qui me l'a expressément dit, madame. Ça n'est pas possible.

— Pourquoi ça n'est pas possible ?

— Parce que… ce n'est pas possible. Ça ne se fait pas. On ne l'a jamais fait.

— Mais pourquoi ça ne se fait pas ? Vous vous basez sur quoi ? Et si cela ne se fait pas, pourquoi personne ne nous a prévenus avant ? Nous ne prenons personne au dépourvu, cela fait plusieurs mois que les choses se préparent ainsi. C'était même inscrit dans le projet de vie de Louise que nous avons envoyé à la MDPH, on ne pouvait pas être plus clairs !

— Moi, je ne l'ai pas lu, madame, sinon je vous aurais dit…

— Vous ne l'avez pas lu ? Mais je vous ai envoyé les vingt pages en copie par mail ! Vous n'avez pas lu mon mail ?

(La tonalité de la musique change – passage en mode mineur, alors que la caméra se rapproche des yeux de la mère de famille. On y distingue très nettement de l'humidité s'y installer. Elle n'est pas passée loin d'insulter Mme Épouvantail. Elle bascule maintenant vers le désespoir et l'incompréhension. Les violons se font mélodramatiques.)

— Écoutez, madame, comme je vous l'ai dit, j'ai le mauvais rôle, je ne fais que transmettre le message, et ça n'est pas possible. Il faudra trouver un autre arrangement.

— Un autre… un autre arrangement ? Mais comment font les autres familles ? Vous en suivez, vous, des familles d'enfants handicapés : ils font comment pour les rendez-vous quotidiens ?

— Eh bien, vous pouvez venir chercher votre fille à l'école et l'emmener à ses rendez-vous pour la ramener ensuite, ou bien embaucher une baby-sitter qui le fera à votre place. Sinon vous avez aussi la possibilité de demander à un taxi de l'accompagner, c'est pris en charge par la Sécurité sociale et…

— Un TAXI ? Vous me proposez de mettre ma fille de trois ans qui ne se débrouille pas toute seule dans un TAXI, qu'on va payer aux frais de la communauté, qui lui fera manquer en tout au moins une heure et demie de sa journée d'école, alors que tout le monde est d'accord pour assurer les soins sur place, ce qui coûte moins d'argent et ne coupe pas les journées de l'enfant ? ! Mais comment pouvez-vous me proposer ça ? C'est…

— Oui, je sais. (Soupir.) J'ai le mauvais rôle.

(Gros plan sur le rictus de la mère de famille. Sur son visage on peut lire : « Elle veut quoi ? Que je la prenne en pitié alors qu'elle fait son boulot tandis que moi c'est ma vie quotidienne pour au moins un an qu'elle est en train de foutre en l'air ? »)

Nouveau soupir dans le téléphone.

— Ça va être une rentrée difficile.

— Quoi ? Vous m'appelez pour m'annoncer que « ça va être une rentrée difficile » ? Mais merci, madame !

La mère de famille se met à faire les cent pas dans le salon, une main crispée sur le téléphone, l'autre au poing serré, les dents qui mordent la lèvre inférieure – se faire mal pour détourner son cerveau de la tentation des larmes et des cris. Ne jamais crier sur Mme Épouvantail. Elle le sait, la mère de famille, et pourtant, alors que son château de cartes s'écroule, elle est en train de l'oublier et de glisser. Une carte est tombée, poussée d'une pichenette du doigt de Mme Épouvantail, et maintenant que tout l'édifice vacille, la mère de famille sent comme une envie de mettre son propre coup de pied dans ce savant équilibre. Tant qu'à tout foutre en l'air, autant y aller de concert, se dit-elle. Elle se sent comme une ado à qui on vient de refuser une sortie et qui estime n'avoir plus rien à perdre.

Alors que les percussions montent au-dessus de la mélodie, elle attaque :

— Puisqu'on parle des difficultés, je voudrais savoir à quel moment nous pourrons connaître le nombre d'heures d'AVS qui seront attribuées à ma fille.

— Je ne peux pas trop vous dire, madame, c'est assez compliqué, c'est…

— Qui peut me dire, dans ce cas ? Qui attribue les heures des AVS mutualisées, qui fait les plannings ?

— C'est moi.

— Alors vous devez avoir une idée. Nous sommes fin juin, ils sont faits quand, ces plannings ? La directrice d'école aimerait savoir, l'institutrice aimerait savoir, et par-dessus tout nous aimerions savoir. Alors, quand cela sera-t-il possible ?

— Bientôt. Pas tout de suite. C'est-à-dire que, c'est compliqué, et bien entendu nous ferons au mieux pour le bien de votre fille, car c'est dans l'intérêt de l'enfant que nous travaillons. Mais pour toutes ces raisons, et je sais que je vous en ai déjà parlé, je voulais vous demander si vous aviez envisagé peut-être une autre solution, un mi-temps avec la crèche par exemple ? C'est aussi pour cela que je vous téléphonais aujourd'hui. Il faudrait peut-être y repenser ?

Si nous étions dans un dessin animé ou un film d'horreur, la mâchoire inférieure de la mère de famille se décrocherait et tomberait sur le parquet stratifié dans un bruit d'os et de chair humide. Mais nous sommes dans un livre, et la seule image assez parlante qui me vient à l'esprit pour vous indiquer ce qui se passe dans sa tête à ce moment-là est : Mme Épouvantail vient de craquer l'allumette qui met le feu aux poudres. Le retour de la suggestion de la crèche est le point de bascule. Cette fois, c'est sûr, la mère de famille va insulter son interlocutrice. Elle a tout un répertoire à sa disposition, qui n'attend que d'être verbalisé depuis plusieurs semaines, avec toute cette attente, ces frustrations, ces courriers et ces appels sans réponse. Elle va comprendre, Mme Épouvantail, qu'elle n'est qu'une grosse, une énorme, la pire des…

Plan de coupe sur la porte d'entrée qui s'ouvre à la volée.

Entre le père de famille. À la tête de son épouse, il comprend tout de suite que quelque chose déconne. Elle lui gribouille sur un Post-it : « C'est Mme Épouvantail. Problèmes !!! » Et en elle résonne l'alarme de la raison. Celle-ci lui signale que c'est le moment de passer le relais, sans quoi, non seulement le château de cartes s'effondrera, mais les cartes seront inutilisables pour les mois à venir. Elle peut tout gâcher, à cette minute même, si elle ne passe pas la bombe à son voisin.

— Madame Épouvantail, écoutez, mon mari vient justement d'arriver. Je mets sur haut-parleur et je vous le passe. Je vous avoue que je suis un peu sous le coup de ces nouvelles, je vous laisse voir avec lui. Je dois aller chercher mon fils à l'école.

Et le père de famille de prendre le téléphone et sa grosse voix de monsieur sérieux. Il joue son rôle. Fini « la mère de famille et ses émotions », faites place à l'Homme rationnel. On aime bien les clichés, dans l'administration, ça met à l'aise en général, et quand c'est monsieur en face, on perd un peu de son assurance. Mère et père de famille ont eu l'occasion de l'apprendre.

Il s'adresse à Mme Épouvantail de façon polie, mais froide. Mère de famille est restée accrochée en ligne plus d'une demi-heure, à espérer qu'une solution finirait par surgir du dialogue. Il sait que ce ne sera pas le cas.

— Bien, je comprends, madame Épouvantail. Ce n'est pas vous qui décidez. Alors, qui décide ? L'inspectrice. Très bien. Quel est son nom ? Pouvons-nous avoir un rendez-vous avec elle ?

— Oui… je vais voir si c'est possible cette semaine.

— Ça m'étonnerait un peu, vu que nous sommes vendredi et qu'il est 17 h 15.

— Ah… oui. C'est vrai, la semaine est finie. Eh bien je vois avec elle et nous vous rappelons lundi pour fixer un rendez-vous très vite, afin d'en parler ensemble.

Père de famille raccroche et repose le téléphone en surchauffe sur l'îlot central de la cuisine Ikea. S'approche de sa femme, ou plutôt de la forme ratatinée dans un coin du canapé, la tête dans les jolis coussins Maisons du monde. Qui seront bons pour la poubelle car elle vient de pleurer dedans pendant cinq minutes, pour ne pas hurler sa colère, son ras-le-bol, sa solitude, sa faiblesse face à un rouleau compresseur… Elle le regarde et articule entre deux hoquets : « J'en peux plus. C'est pas possible. Je vais péter un câble. C'est trop, là. Je ne sais plus quoi faire pour ne pas imploser… »

Père de famille se rapproche.

— Tu ne veux pas écrire ? Ça te ferait du bien.

(La musique s'arrête. Le spectateur sent qu'il va se passer quelque chose. La mère de famille renifle un grand coup. Elle a le nez qui coule et les yeux gonflés, parce qu'on n'est décidément pas dans un film américain, et dans la vraie vie, pleurer rend moche.)

— Tu as raison. Je ne voulais pas le faire, vraiment pas. Je voulais que tout se passe bien et dans les règles, pas de texte, pas de Facebook, pas de publicité de la chose, juste une rentrée. Ça n'est pas le cas. OK. Puisque c'est comme ça, je sors la mitrailleuse. Si tu veux bien t'occuper des enfants pendant ce temps-là… Merci.

Elle se lève, prend sa mitrailleuse sous le bras, se dirige vers sa chambre et ferme la porte derrière elle.

Fondu au noir.

Ma mitrailleuse est grise, façon métal poli, jamais très loin de moi. Je la déplie, je la replie, je la transporte en voyage et en vacances, on ne sait jamais. Ma mitrailleuse a un écran, une centaine de touches, et grâce à elle je pratique régulièrement le tir sur des cibles qui ont pour nom « page blanche », « logiciel de traitement de texte » ou « réseau social ». Ma mitrailleuse peut être chargée de cœurs, d'émotions ou bien de balles réelles, de colère, de peine et de découragement. Les coups durs, les remarques malvenues, les agacements administrativo-burlesques me fournissent des cartouches pour des semaines, des mois. Certains vont frapper dans un sac de sable, moi je m'assieds devant mon écran, et je tape en rafale. Le clavier qui crépite. Le bout des doigts qui chauffe. La mâchoire serrée. Ça ne me prend pas plus d'une demi-heure mais ça sort, ça bout, ça brûle. Tatatatatac. Tatatac. Direct des tripes à la tête à la main au clavier à l'écran. Je tire. Je pense à Mme Épouvantail. Je ne sais pas si mes balles atteindront leur but. Je m'en fous. Je recharge. En lettres de plomb comme mes munitions, je rédige un long texte.

Je le publie sur Facebook, sur la page consacrée à Louise, qui est maintenant suivie par plus de trente mille personnes. Un texte à mi-chemin entre une bombe et une bouteille à la mer.

« [*Dis, Maman, c'est quoi l'inclusion ?*]

J'avais vraiment l'intention de n'avoir ni à écrire ni à publier ce post. Vraiment. Parce que tout devait se passer pour le mieux, et il n'y avait pas de raison que ça se passe autrement, n'est-ce pas ?

Mais ce soir, trop c'est trop.

Ce soir 29 juin, cela va faire plus de sept mois que nous, parents de Louise, qui a trois ans et demi et un chromosome en plus, bossons pour qu'elle fasse sa rentrée dans les meilleures conditions en septembre prochain.

Vous voulez savoir, ce que c'est, bosser pour que son enfant handicapé fasse sa rentrée en petite section, en 2018 en France ?

[*Ici, je reprenais mois par mois les démarches que nous avions effectuées, demande, attente, notification, recours, réunions, attente… Je vous épargne la répétition des détails.*]

Là, toi, t'es mère, mais tu es aussi secrétaire, GO, greffière, administratrice, j'en passe et des meilleures depuis huit mois, tu es sur les rotules. T'as donné toute ton énergie parce que l'inclusion, oui, tu y crois. Mais là t'as les jambes qui flageolent et la voix qui tremble. Parce que le message qu'on te balance, avec cette question répétée, n'est pas du tout : "Bienvenue à l'école de la République".

Alors puisque sur cette page Facebook on partage les progrès, les joies, les peines, les réalités sans fard de la vie avec un enfant porteur d'un handicap, ce soir je vous raconte ma colère, mon effondrement, mon écœurement, mon sentiment d'injustice et surtout de solitude face à tout cela. Ça fait huit mois, et on revient à la case départ. Et maintenant, on fait quoi ? Je ne sais pas.

Mais dorénavant, quand vous entendrez la petite phrase "oui, il/elle va aller à l'école, on a fait toutes les démarches pour", vous saurez ce qu'elle cache pudiquement dans la vie des familles. »

Se connecter. Publier. Puis, tout le week-end qui suit, comme l'inaction et l'attente me sont trop pénibles, je recharge et je tire. Lettre à un député, deux députés, trois députés. Lettre au sénateur-maire de ma ville. Tweets au secrétariat d'État. Je tente toutes les cibles, même les plus lointaines. Fallait pas me dégoupiller.

## Rouge et noir : la maman de Louise

Avant, j'étais Caroline. Mme ou Mlle Boudet, à la rigueur. Peu importe : depuis quatre ans, je suis aussi « La maman de Louise ». La maman de Louise partage sa vie avec Caroline, elles se regardent l'une l'autre dans des miroirs sans fin, comme au cœur des palais des glaces des fêtes foraines, sans plus savoir qui est le reflet de qui.

La maman de Louise prend beaucoup de place. Caroline en a souvent marre. La maman de Louise parle fort, écrit juste, est une « battante », porte ses combats en étendard et chaque jour un tee-shirt de « Mère Courage ». Caroline fatigue, râle, se souvient qu'elle aime lire, écrire, imaginer, s'amuser, danser sur les tables en chantant des refrains stupides des années 90 en mode karaoké avec ses amis. La maman de Louise s'inquiète, explique, décrypte. On lui pose beaucoup de questions, on lui fait des comptes rendus. Louise a beaucoup dormi, pas dormi, elle n'a pas voulu manger, elle s'est gratté la tête, elle a pleuré, ça veut dire quoi ? La maman de Louise tente une explication, toujours, alors que Caroline n'en a aucune foutue idée et a envie de crier qu'elle souffre autant que les autres de ne pas entendre un seul mot sortir de la bouche de sa fille ni de pouvoir interpréter ses manies bizarres.

Parce que la maman de Louise, elle, *devrait* savoir, et Caroline se le répète. Alors Caroline achète des livres, consulte des sites, se dit que si elle était aussi bonne mère que la maman de Louise, elle ferait : des pictogrammes toute la journée, des programmes de rééducation pionniers qui n'existent qu'en anglais, des ateliers spécialisés, des activités éducatives, des séances de motricité maison, des clubs et des réunions, des actions coups de poing, une association digne de ce nom… Mais Caroline est fatiguée, ou a envie d'autre chose, allez savoir, alors elle va plutôt jouer, lire, se reposer, en vacances, s'amuser, danser – avec ses amis ou ses enfants – mais toujours avec une musique en arrière-plan. Dont le refrain dit : « La maman de Louise, elle, ferait bien mieux que toi. »

La maman de Louise parle bien, elle est sûre d'elle, elle n'a peur ni des plateaux ni des micros, ni des recours ni des tribunaux, elle est prête à aller très loin pour porter les droits de sa fille, à dormir peu, à s'énerver beaucoup, à tenir, fort, très fort. Caroline proteste, se décourage, s'accroche à son doudou sur lequel est brodé « mais moi au fond, j'ai jamais voulu ça », traîne des pieds pour répondre aux questions, n'a pas l'énergie qu'il faut et doit respirer très fort, dans le taxi juste avant de rejoindre un studio.

La maman de Louise avance tout droit comme un rouleau compresseur et enclenche une vitesse supplémentaire chaque fois qu'elle ressent que son enfant est victime d'une injustice. Caroline pédale sur un vélo d'appartement qui n'avance pas, et cherche souvent la marche arrière.

La maman de Louise court les rendez-vous, les enregistre, les planifie, anticipe quel sera le prochain problème à démêler – apnées du sommeil ou AVS ? Courbes de croissance, langue des signes ou kinésithérapie ? Caroline rêvasse : Thaïlande ou Californie ? Et si on avait un chien ? Et si on vivait dans une grande maison à la campagne, ce serait différent ? Et si on foutait tout en l'air pour aller vivre en autarcie et ouvrir une miniferme pédagogique dans laquelle Louise grandirait tout aussi bien ? La maman de Louise la regarde faire en rigolant. Caroline lui répond en montrant les dents.

La maman de Louise est tout ce qu'on attend d'une « maman de handicapé », option rebelle en plus. Caroline est juste une femme. Les deux en ont un peu marre l'une de l'autre – la maman de Louise trouve Caroline un tantinet boulet et immature ; Caroline ne peut plus supporter « Mme Ingalls », cette maman sans tache ni bavure.

Mais les deux savent qu'elles doivent se supporter, car aucune ne peut durer sans faire un peu de place à l'autre.

## Noir et blanc : le rendez-vous académique

Mardi, 16 heures. Le rendez-vous a été donné dans l'urgence la veille par Mme Épouvantail. Rémy a pris son appel comme convenu – c'est devenu une règle depuis le précédent coup de fil, ce ne sera plus jamais moi son interlocutrice, je l'éviterai au maximum. À ce stade, il en va de ma santé mentale et des bonnes relations de tout le monde. Nous devons donc rencontrer sa supérieure, ce mardi à 16 heures. Pragmatique, je la surnomme Mme Supérieure. Mme Épouvantail s'est fendue d'un lunaire : « Ça va, vous n'êtes plus trop fâchés ? », qui me fait penser que, décidément, nous ne vivons pas dans la même galaxie. Comme si nous étions des gosses qui avaient fait un gros caprice.

Durant les deux journées qui ont précédé, mon post Facebook a fait boule de neige et a récolté des centaines de commentaires. Du soutien, mais aussi des renseignements très concrets : oui, ça peut se faire de recevoir des professionnels dans l'enceinte de l'école, plein de gens le font, et non, il ne nous faut pas lâcher l'affaire.

Je retrouve Rémy qui a posé une demi-journée de RTT pour l'occasion (mais *comment* font les parents qui n'ont pas ces possibilités ?). Les premières heures de canicule cognent fort, et avec la tension nerveuse, nous sommes tous les deux suintants, avec dix minutes d'avance, à l'ombre du porche d'entrée de ces bureaux départementaux de l'académie. Aussi sonnés par la chaleur que par la fatigue, nous ne savons pas vraiment ce qui nous attend. Tendus comme des flèches vers leur cible : comprendre pourquoi on nous refuse soudainement des aménagements qui semblaient acceptés, et faire en sorte que cela change. Une première personne n'a pas été capable de nous dire pourquoi, allons voir la deuxième. Et si ça ne marche toujours pas, nous passerons à une troisième, et ainsi de suite. Prêts à monter une à une les marches de la pyramide administrative (qui est plus haute que celle de Gizeh, selon la poignée de personnes qui sont allées à son sommet et en sont revenues pour témoigner).

Rendez-vous moins quatre minutes. Je sonne à l'interphone. Une voix masculine nous répond. Bzzz, clac, la porte automatique s'ouvre et nous montons les deux étages d'un escalier en béton à la peinture défraîchie. Toc toc, entrez, installez-vous, Mme Supérieure va vous recevoir dans quelques minutes, nous prévient le propriétaire de la voix de l'interphone, avant d'aller se rasseoir dans un cagibi mal ventilé. Nous prenons place dans un couloir silencieux. Aucun son ne nous parvient des trois portes de bureau de part et d'autre. Mon regard ne peut se détacher de la première affiche que j'ai vue en arrivant, une publicité pour une mutuelle d'enseignants : « Agressions, harcèlement ? Vous pouvez compter sur nous. » On est dans l'ambiance, c'est loin de la colonie de vacances.

Encore cinq minutes à transpirer allègrement, et Mme Supérieure vient nous saluer et nous inviter à la suivre dans son bureau. Elle est plutôt jeune – allez savoir pourquoi, quand on me parle d'une inspectrice j'ai en tête l'image d'une vieille dame à chignon et jupe en tweed – et souriante. Alors que nous nous asseyons face à elle, je reconnais sur son bureau une version imprimée du mail que j'ai envoyé en multiples exemplaires durant le week-end.

Elle intercepte mon regard et, un peu gênée, me lance : « Oui… la mairie m'a fait passer votre courrier. » Je me dis qu'au moins on va entrer vite fait dans le vif du sujet. Mais non. En attendant Mme Épouvantail qui doit nous rejoindre dès que possible, Mme Supérieure nous refait un topo de la situation. Résumé : cela commence par ces mots : « Nous sommes soucieux d'accueillir votre fille Louise dans les meilleures conditions et travaillons pour le bien de l'enfant » et cela se termine par « et c'est pourquoi Mme Épouvantail vous a expliqué qu'il n'est pas possible d'intégrer les soins de Louise à la journée d'école ».

La partie de ping-pong verbal est lancée, et derrière les sourires de façade de part et d'autre, le match est tendu. La conversation va durer trente à quarante minutes, une bonne moitié d'heure qui me donne l'impression de tourner en rond. Une énorme farandole qui ne sert à rien. Nous posons nos questions, enfin, notre question, car c'est toujours la même : « Pourquoi est-ce impossible et pourquoi ne nous prévenez-vous que maintenant ? » La réponse est invariable sur le fond : « Ce n'est pas possible parce que ce n'est pas possible. » Bien sûr, ce sont des êtres humains et pas des perroquets que nous avons en face de nous, l'échange sera donc un peu plus subtil. Une fois épuisé : « Pas possible parce que pas possible », nous entendrons donc successivement : « Pas possible parce que nous ne l'avons jamais fait », « Pas possible car le temps scolaire est sanctuarisé et que rien ne peut interférer » (apparemment, prendre un taxi pour emmener la petite handicapée peut interférer, mais passons), « Pas possible car si on commence à autoriser cela, certains professionnels n'auront même plus de cabinets et n'exerceront que dans les écoles, or ce serait déloyal pour leurs concurrents », « Pas possible dans notre académie, même si cela se fait ailleurs, parce que chacune fixe ses propres règles » (première nouvelle), et enfin l'argument ultime, la massue : « Pas possible pour le bien de l'enfant. »

Chacune de nos interventions, suggestions, interjections se heurte à un mur et les balles bondissent de plus en plus vite. La présence de Mme Épouvantail me fait glisser du sujet des soins à celui de l'AVS, la porte se referme encore plus : non, cette entrevue ne nous permettra pas d'en savoir plus sur le temps de présence prévu pour Louise, ni la date des plannings ni quand nous serons informés. Nous aurions tout aussi bien pu nous rendre au rendez-vous et lire deux panneaux géants indiquant : « ça n'est pas possible » et « on ne peut pas vous en dire plus, c'est compliqué », ç'aurait été pareil. L'échange est épuisant et stérile, et à plusieurs reprises je me sens déraper et perdre mes nerfs. Rémy temporise et me fait des signes discrets. De son côté, je vois qu'il a laissé tomber. Il sait que rien de concret ne va sortir de cette entrevue et tente d'avoir les contacts des personnes qui sont situées un étage au-dessus dans la pyramide hiérarchique.

Je lâche aussi l'affaire. Mon esprit est déjà ailleurs, mon regard se perd entre le clavier d'ordinateur, les classeurs gris et beige posés sur le bureau, le mug de thé, l'affiche artistique au mur, retour au clavier d'ordinateur… Quand soudain, une faille ! Une toute petite ouverture qui laisse passer un peu de lumière ! Mme Supérieure vient de dire : « À moins, bien évidemment, que vous voyiez avec la mairie et qu'elle fasse un document écrit stipulant qu'elle prend sous sa responsabilité ces séances de rééducation, et que cela ne se passe ainsi pas sous la responsabilité de l'Éducation nationale… »

Balle au bond ! La mairie ? Très bien ! Nous allons demander à la Ville. Si c'est une histoire de « responsabilité », il est probable que la municipalité, avec qui nous avons déjà eu des échanges sereins et constructifs, sera d'accord. Et ma foi, si toutes les catastrophes qui peuvent se produire lors d'une séance de psychomotricité (que Louise lance un jouet dans l'œil de la professionnelle ? Que les deux glissent sur une peau de banane abandonnée là et se fracturent plusieurs membres ? Que la faille de San Andreas se soit déplacée en quelques nuits vers la banlieue parisienne et provoque un séisme sous une école maternelle, engloutissant une enfant trisomique et sa kiné ?) se produisent, eh bien l'Éducation nationale pourra continuer de dormir de son sommeil comateux, ce ne sera pas de sa responsabilité. Si là est le nœud du problème, nous allons le trancher avec toute notre énergie.

Nous nous séparons de Mmes Supérieure et Épouvantail avec force poignées de main, sourires crispés et autres amabilités. Ravis d'avoir si bien tourné en rond pendant trois quarts d'heure, nous courons récupérer les enfants à l'école et à la crèche avant de nous jeter sur le téléphone et de composer le numéro de l'adjointe à l'éducation de la mairie. Elle rappellera dans l'heure. Pas de ping-pong, pas de tennis, pas de lutte gréco-romaine, ce sera réglé en une phrase : « Qu'est-ce qu'il leur faut ? Un écrit qui stipule que nous sommes d'accord ? Nous leur ferons un écrit ! On ne voit pas où est le problème. Cela se fait déjà dans d'autres établissements de la ville. Ne vous faites pas de souci, je vous envoie cela demain. »

Premier set, gagnant. Les joueurs de double regagnent leur banc pour souffler un peu, boire de l'eau fraîche et savourer cette victoire. Louise pourra mener ses journées d'école sans être interrompue pour aller à des séances. Les joueurs changent de côté en attendant la suite du match : le deuxième set pour l'AVS.

## Vert espoir : les autres enfants

« Les enfants sont impitoyables entre eux », entends-je souvent. Paraît que les moqueries sont terribles et que la cour de récré est une jungle.

Autant dire que ce mercredi de juin, alors que je transpire (encore) derrière la poussette-canne dans laquelle Louise bat des pieds en robe jaune soleil, je n'en mène pas large. Car nous allons précisément tester toutes les deux « la jungle ».

Deux semaines plus tôt, en mai, Nadia, la responsable du périscolaire de l'école maternelle, autrement dit la personne qui chapeaute les temps de cantine, les mercredis après-midi et tout ce qui se passe une fois que la sonnerie a retenti mais que les gosses sont encore dans les murs, m'a appelée. Je la connais, elle était déjà là lorsque Paul était en maternelle. Une femme volontaire, dynamique, avec une énergie impressionnante et qui mène tambour battant son armée d'animateurs. Elle sait depuis deux ans que Louise va faire sa rentrée dans « son » école et s'en réjouit. Nadia a une longue expérience dans l'animation, y compris avec des enfants porteurs de handicap, et non seulement cela ne lui pose aucun problème, mais cela lui tient particulièrement à cœur. « Vous savez, moi aussi j'ai eu un handicap à une période de mon enfance», m'a-t-elle confié. Une histoire de jambes pas droites, qu'il a fallu redresser à coups de plâtres pendant un peu trop longtemps. «Je me suis débrouillée. On y arrive toujours, et vous verrez que pour Louise ce sera pareil ! »

Je ne suis pas franchement dans cet état d'esprit la semaine où mon téléphone sonne et que je vois s'afficher le numéro de l'école. «Encore un problème avec la rentrée de Louise» est la première pensée qui me monte au cerveau alors que mon abdomen se contracte de façon réflexe. Grande inspiration. Décrocher.

— Allô, madame Boudet ? C'est Nadia, de l'école. Vous allez bien ? Je vous appelle à propos de la rentrée de Louise…

— Ha. (Soupir.) Oui, ça va, merci.

J'ajoute un peu de sourire dans ma voix, vieille technique que j'ai apprise en faisant du journalisme radio à mes débuts professionnels. Ça s'entend, le sourire, même faux. Donner le change.

— Donc ? Il y a un souci avec la rentrée de Louise ?

— Pas du tout, au contraire ! Nous sommes ravis de l'accueillir à la rentrée. Mais j'ai pensé à quelque chose : pourquoi ne pas accompagner Louise sur des temps courts, le mercredi après-midi par exemple, au centre de loisirs, afin qu'elle puisse s'habituer aux lieux, faire connaissance avec l'équipe, les enfants, et que nous aussi on apprenne à la connaître ? Un peu comme les adaptations que l'on fait à la crèche, vous voyez ? Ainsi, le jour de la rentrée, déjà que ce n'est facile pour personne en petite section, Louise aura ses repères et vous aussi.

Ça me coupe la chique. Je venais de revêtir en quelques secondes mon armure « anti-emmerdes » et voilà que quelqu'un me propose une solution positive. Décontenancée, je balbutie :

— Aah... beeen... Oui, enfin, mais oui, bien sûr, c'est une très bonne idée, merci, merci, super !

Nadia me fixe quatre dates, me donne son adresse mail, et je raccroche encore tremblante de la montée de panique que je me suis provoquée toute seule. (Post-it mental : démarrer une thérapie pour contrer ma phobie naissante des numéros de téléphone de l'école et de la MDPH. Mon cœur ne va jamais tenir des années face à ce phénomène.)

Depuis plusieurs mois, sur ce long chemin qu'est la préparation de la scolarité de Louise, le moins que je puisse dire, c'est que je ne me suis pas sentie très épaulée. Il n'existe pas, le bureau administratif du soutien moral aux parents d'enfants différents. Pas même la sous-division du : « Ne vous inquiétez pas, ça va bien se passer », encore moins le guichet du « Vous avez un problème ? Nous avons la solution ».

Et pourtant me voici, quelques jours plus tard, dans le bureau d'une personne qui non seulement a envie d'aider Louise et devient « moteur » dans sa scolarisation, mais va... me rassurer ! L'heure dans le bureau de Nadia, « pour préparer les choses au mieux », se transforme en heure pour préparer la maman au mieux. Elle me pose des questions sur Louise, son quotidien, ses réactions, comment elle mange, dort, parle ou pas, interagit avec les autres, est timide ou non. J'ai du mal à quitter ma défensive. Des semaines que, face aux institutions, j'affiche une attitude de confiance alors qu'en dessous, le doute explose comme de la lave qui n'attend que de jaillir à la surface et de tout éclabousser. Je n'ai pas encore compris que, devant moi, je n'ai pas quelqu'un qui a peur des problèmes éventuels, mais quelqu'un qui prévoit des solutions. Elle le sent, et me demande, cash, comme elle est toujours :

— Et vous, de quoi avez-vous peur, madame Boudet ? Qu'est-ce que vous appréhendez pour Louise à l'école ?

Et à chacune de mes craintes avancées comme un pion de débutant sur l'échiquier, elle riposte avec l'assurance de la Reine ou la diagonale du Fou. Je suis trop abasourdie pour contrer. La partie va être vite pliée.

Je commence, c'est moi qui ai les blancs.

— Ben… la cantine, par exemple. Louise ne mange pas de morceaux, on ne sait pas encore pourquoi, on y travaille je vous assure, avec son orthophoniste et…

Nadia avance un pion noir.

— Elle ne mange pas de morceaux ? Vous allez faire un PAI (projet d'accueil individualisé), comme pour les enfants qui ont des allergies alimentaires, et ce document indiquera que vous, parents, vous fournirez sa nourriture que vous apporterez chaque matin dans un plateau-repas qu'on gardera au frais avant de lui réchauffer. Quoi d'autre ?

Supériorité des noirs. Les blancs tentent un deuxième mouvement.

— Mais… le truc, c'est aussi qu'elle refuse de manger toute seule, et c'est incompréhensible parce que, vous voyez, elle peut tenir une cuillère, mais lors des repas, pas moyen, elle jette tout par terre et attend qu'on lui donne à manger, alors j'ai peur qu'on ne puisse pas avoir une personne pour l'aider et la directrice m'a affirmé que si Louise n'avait pas d'AVS, c'était pas de cantine, or on est déjà en juin et pour les heures d'AVS on ne sait pas ce que…

Nadia se penche sur le plateau de jeu, attrape un pion et, d'un déplacement, menace mon Roi.

— Mais on va s'arranger ! Elle ne mange pas toute seule ? À la crèche, elle est tout de même à table avec les autres, n'est-ce pas ? Comme en maternelle, un animateur par table. De six. Si elle n'a pas d'AVS, je mettrai Louise à une table moins nombreuse et on lui donnera à manger, nous, ne vous en faites pas pour ça. Je vous le dis : un problème, une solution, on vient déjà d'en résoudre deux. Y a quoi d'autre ?

Bon sang. Ma réserve de doutes ne va jamais tenir face à cette joueuse qui m'encercle un peu plus à chaque tour. J'essaie de sortir un de mes cavaliers. Encore raté : Nadia riposte avec « ça va bien se passer ». Mon Roi est acculé sur l'échiquier. Je tente le dernier coup, celui que je n'ose jamais, celui qui fait mal, qui se coince au fond de ma gorge pour m'empêcher de parler et me faire monter les larmes aux yeux plutôt que les mots aux lèvres.

— Y a… C'est… La récré.

— Quoi, la récré ?

— Ben… Vous voyez, non ? Les enfants, entre eux… Si jamais…

— Vous avez peur qu'elle ne soit bousculée ?

— Non ! Enfin oui, si, d'une part, et aussi… les moqueries… Vous voyez ?

(Comme un réflexe de Pavlov, depuis l'annonce du diagnostic de trisomie 21 de Louise, le mot « moqueries » fait descendre un rideau embué devant mes yeux. Une mécanique bien rodée.)

— Mais ça va très bien aller, la récré ! Il n'y a pas de raison, ça va se passer comme pour tous les autres enfants. Ça se bouscule gentiment et si c'est moins mignon, les maîtresses interviennent. Quant aux moqueries… Cela fait vingt ans que je travaille dans l'animation, et je sais une chose : si vous expliquez aux enfants, si vous répondez à leurs questions, des moqueries, il n'y aura pas.

Alors nous voici, Louise et moi, dix jours plus tard, sa main dans la mienne qui soutient ses premiers pas vacillants, en direction de la cour de récré pour retrouver Nadia et « ses enfants ». Le temps de parcourir les quatre cents mètres qui séparent la crèche de l'école, j'ai déroulé dans ma tête le film de trois ans et demi. Du moment où l'on me l'a posée sur le ventre, cette petite, à cet instant présent si étrange où je la mène vers les portes de l'école. Un film très lacrymal, cela va sans dire. Je respire « par le ventre » et j'invoque toutes les divinités possibles pour : ne pas pleurer ne pas pleurer ne pas pleurer. On est là pour Louise, par pour prédigérer les émotions de la maman qui flanche à la perspective de l'entrée en maternelle.

Louise marche deux pas, tombe, trois autres pas, boum. Cinquante mètres de couloir à parcourir pour retrouver le groupe dans la « salle de motricité » : je finis par la porter, au diable mes principes et l'envie d'afficher sa mobilité naissante.

« Venez avec moi ! Louise est très attendue, vous savez. On a prévenu tous les enfants », me lance Nadia.

Mon cœur bat fort, fort, il va sortir de ma cage thoracique en l'explosant au passage, comme le monstre dans *Alien*.

Et les voilà, les petits tant redoutés. Ils sont une bonne quarantaine, regroupés dans ce minigymnase tout équipé auquel on accède par le haut, en descendant quelques marches ou une rampe en pente douce. C'est celle-ci que nous empruntons avec Louise, et c'est parti pour ses quinze minutes de gloire. Ce n'est plus ma fille, c'est la reine d'Angleterre qui entre à Buckingham.

— Les enfants, on dit bonjour à Louise en faisant coucou !

Les mains s'agitent, les visages s'agglutinent, les petites voix fusent : « Oh Louise, bonjour Louise, coucou Louise, oh elle est petite ! Elle est trop mignonne, t'as vu sa petite couette ? Je peux lui faire un bisou ? »

Pfiouuuuu.

C'est le bruit qu'a fait ma cage thoracique quand elle s'est décontractée. Aucun monstre n'en a surgi, juste un gros soupir de soulagement et le son d'un bateau pneumatique sous haute pression qui se dégonfle.

Louise kiffe. C'est son grand moment, tu penses, tous ces « grands » dont elle est le centre d'attraction et qui lui font des signes. Elle répond même à leurs bisous envoyés à la main par… le même signe. Elle qui a du mal à répéter les trois gestes de langue des signes simplifiées que nous tentons désespérément de lui inculquer.

Quelques minutes plus tard, à l'heure du goûter, ça se dispute pour savoir qui sera assis à la même table que Louise dans le réfectoire. Bon sang, mais Nadia la leur a vendue comme la nouvelle Beyoncé ou quoi ? Je cherche au fond de mon sac mental où est passée ma crainte que les enfants ne soient méchants avec elle. J'ai beau gratter, remuer le fatras, je ne vois plus où elle s'est cachée. Faut que je cherche, que je retourne tout, peut-être cette peur est-elle dissimulée sous l'attitude de Hicham, qui a décidé de jouer les grands frères protecteurs avec la petite nouvelle ? Ou bien planquée sous la question de Naïs, qui me demande si elle « peut être sa copine » ? Ou encore est-elle en train de disparaître sous le doudou de Thomas qui veut savoir : « C'est quand qu'elle va revenir, Louise ? »

Ils sont attentionnés. Ils sont protecteurs. Ils sont doux. Bien sûr, il y a les questions – surtout de la part des « grandes sections », car les plus jeunes se satisfont d'une explication plutôt simple : « Louise a votre âge, oui, mais ne sait pas encore parler, elle a encore une couche, car cela lui prend plus de temps pour apprendre. »

Les grands, eux, ont besoin de comprendre. Mais les questions ne sont pas toutes taillées sur mesure pour un petit cœur fragile de mère. « Pourquoi elle a un visage différent ? » Il faut une ou deux secondes pour encaisser, avant d'expliquer qu'en effet ses traits se démarquent un peu des autres, et qu'ils font partie de sa différence, son handicap. Non, ça n'est pas une maladie comme la rougeole que vous pouvez attraper. Oui, elle comprend ce que vous dites même si elle ne peut pas parler, et oui, elle va sûrement parler un jour. Non, elle ne te veut pas de mal, si elle tire tes cheveux, c'est qu'elle a envie de te faire un bisou, mais qu'elle ne maîtrise pas encore bien ses gestes. N'hésite pas à lui dire stop.

Alors, évidemment, je ressors de toutes ces séances – quatre mercredis d'affilée – rincée par les émotions et tout n'est pas rose pastel. Il y aura cette fois où Louise est trop fatiguée et n'a pas du tout les nerfs prêts à supporter d'être entourée par trente mimines qui veulent la toucher, et la crise qui s'ensuit. Ce moment aussi où je comprends que la cantine sera un exercice compliqué, car le réfectoire est un lieu vaste, bruyant, dont Louise n'a pas l'habitude et veut fuir au bout de dix minutes. Il y a aussi les « grands-grands », les élèves de l'école primaire, que je vois de loin jeter un coup d'œil à toute cette agitation : qu'en penseront-ils, eux, de cette élève différente ? Qu'en diront-ils, eux qui connaissent les « mots terribles » de mongol, gogol, qu'en diront-ils à Paul ? Et lui, deviendra-t-il « le grand frère de la petite handicapée ? ».

Ces questions se mélangent et me font tourner la tête. Je flanche sur le chemin du retour de l'un de ces après-midis d'adaptation. Louise ne va pas y arriver, ou plutôt JE ne vais pas y arriver. Les enfants sont adorables mais ça ne sera pas assez, non, ça ne va pas suffire parce qu'elle est trop en retard, elle ne saura pas. Et aujourd'hui tout le monde est gentil ? Mais demain quand elle sera dans une classe de vingt-neuf, non ça ne va pas suffire et…

Une petite voix me sort de ma rêverie apocalyptique. Une fillette que je ne reconnais pas et joue dans le square avec ses grands-parents. « Regardez ! Elle, c'est Louise, et c'est ma copine ! » Mon cœur s'arrête de battre un centième de seconde.

Ça va suffire, en fait.

## Noir et blanc : la petite armée du téléphone

Nous sommes début juillet. Les vacances scolaires ont commencé il y a deux jours. J'ai accompagné Louise et Paul en Normandie, chez mes parents. Depuis des mois, dans mon calendrier mental, était inscrit en jaune fluo, à cette date : décompresser et ne plus anticiper la rentrée de Louise.

Raté !

Je pensais qu'à ce stade les dés seraient jetés, que nous n'aurions plus qu'à la regarder grandir pendant ces deux mois d'été, au pire à attendre le jour de la rentrée pour faire la connaissance de son AVS. Mon souci principal (indiqué, certainement, lui aussi sur le calendrier mental) aurait dû être de lâcher prise. Devrait, aurait dû, aurait pu… À l'annonce du handicap de Louise, c'est une mallette antiphrases au conditionnel et antiverbe « devoir » qu'il aurait fallu me fournir, plutôt que l'adresse des meilleurs spécialistes médicaux.

Début juillet, donc, on ne souffle pas, on ne lâche rien, bien au contraire. Si l'intervention de la mairie a simplifié les choses pour une partie du futur planning de Louise, mon coup de gueule sur les réseaux sociaux, mes lettres aux différents élus concernés et à la MDPH font de nouveau bouillir l'eau sur le feu de la question de l'AVS. Le dossier de recours pour une AVS individuelle n'est toujours pas passé en commission : a priori cela ne devrait pas arriver avant septembre. « Et encore, comment voulez-vous que je vous dise, on a pris du retard et je n'ai aucune idée des dates, vous verrez bien quand ça sera passé, vous recevrez un courrier ! » m'a aboyé au téléphone un agent de la MDPH il y a trois jours.

Sauf qu'entre-temps j'ai sorti la mitrailleuse, visé plusieurs cibles, défoncé une ou deux portes, qui en s'ouvrant ont créé un appel d'air, lequel a lui-même fait s'envoler des papiers partout en désordre… En bref, notre téléphone surchauffe, et Rémy et moi formons une armée qui répond, note, enregistre et rappelle. Chaque jour, pendant cette période de deux semaines (il ne se passera plus rien après le 14 juillet, nous sommes prévenus : les deux administrations concernées, MDPH et Éducation nationale, ne traitent plus ensuite aucun dossier avant septembre), nous prenons place dans un ascenseur émotionnel qui monte au sixième étage (« Cette fois je crois que c'est bon, on a débloqué la situation : elle l'aura, son AVS »), puis retombe au deuxième sous-sol (« Je ne comprends plus rien, je viens d'avoir cette dame qui a sous-entendu que tout était bloqué parce que j'avais fait trop de bruit. »)

En quelques heures, le « cas » de Louise, repris par quelques médias et beaucoup partagé sur les réseaux sociaux, devient pour la semaine l'emblème de tous ces gosses qui, maintenant ou à la rentrée, ne sont pas certains de pouvoir être scolarisés dans de bonnes conditions, et mes phrases deviennent le bréviaire du « parcours du combattant » que vivent les parents de ces milliers d'enfants handicapés. Me revoilà propulsée dans cette drôle de double vie, porte-parole au-dehors, mère terrorisée au-dedans. J'ai fini par pousser un coup de gueule, et nombreux sont ceux qui me disent que c'est la seule chose à faire pour obtenir des changements.

Mais loin des articles de presse, des commentaires Facebook et autres tweets, ils ignorent certainement ma hantise : et si je provoquais le résultat inverse ? Ma gueulante a froissé plusieurs personnes dans les bureaux concernés. Et si ces personnes, celles dont le pouvoir de tamponner un dossier ou de le renvoyer dans la bannette à courrier est aussi celui de faciliter le quotidien de Louise ou d'en faire un enfer, si ces gens-là décidaient de lui montrer qui commande, à cette maman qui se répand partout sur son malheur ? Des phrases assassines, glissées ici et là pendant nos nombreux échanges téléphoniques, viennent renforcer ma crainte. L'armée du téléphone joue la guerre froide, option diplomatie soft, et pourtant ses boucliers ont du mal à résister face à certains mots comme des obus.

« Vous savez, les parents, on les connaît. Vous réclamez systématiquement le maximum, et je peux comprendre. Mais si on faisait ça pour tout le monde… Les certificats médicaux ? Mais les médecins qui les font sont toujours solidaires des parents. D'ailleurs, donnez-moi le numéro de celle qui a fait le certificat de Louise : puisque vous le prenez sur ce ton, je vais l'appeler, moi. » Peu importe qu'au final cette personne – appelons-le M. Tatillon – n'ait jamais appelé la médecin et que je ne doutais pas que celle-ci l'aurait renvoyé dans ses filets. Peu importe, car ce genre de phrase fait naître dans ma bouche un sale goût qui ne s'efface pas de sitôt. J'ai l'impression que nous sommes là à quémander la charité, pas demander le respect des droits de notre fille.

« Écoutez, on peut en effet examiner votre recours pour une AVS avant mi-juillet. Mais je ne peux pas vous garantir que cela ira dans votre sens. Les membres de la commission peuvent mal le prendre. Il ne faudrait pas que cela se retourne contre vous… » Que veut-il dire, est-ce une menace ? Mais à quoi sommes-nous en train de jouer, un tournoi de poker menteur ou le traitement d'un dossier administratif ?

« Votre fille se débrouillera très bien, elle n'a pas besoin d'une AVS à plein temps », dit cette autre dame qui n'a jamais vu Louise, ni peut-être lu son dossier en détail car elle n'en a simplement pas eu le temps. Quel coup de poignard quand on met en doute ma parole, moi qui sais, moi qui vis avec, moi qui la nourris, la réconforte, la torche et la soigne au quotidien.

Pourquoi ne pas prendre en compte le parent comme un allié, un expert ? Pourquoi nous enfermer dans la case de l'assisté, du profiteur ? La petite armée du téléphone encaisse, riposte, déploie ses diplomates. Mais les troupes fatiguent et commencent à manquer de munitions. L'épuisement guette.

## Violet psychédélique : le kit pour parents d'enfants extraordinaires

Quand on m'a annoncé la trisomie 21 de Louise, à la maternité, un jour après sa naissance, je pleurais en m'endormant et m'endormais en pleurant. Un soir, j'ai senti, peu de temps après m'être allongée sur le lit médicalisé, des doigts tapoter mon épaule. J'avais mis des boules Quies, un bandeau sur mes yeux, je ne voulais plus rien entendre ni voir.

— Psst ! Madame, madame ?

— Mmmm quoi ? Votre collègue vient de passer, ma tension est bonne, ça va !

— Vous vous méprenez, madame : je ne suis pas de l'hôpital. Mais c'est important, vous devez vous lever et me suivre !

Pardon ? J'ai tourné la tête. Totalement incongru dans cette chambre aux murs pastel éclairée par la lumière du couloir, un petit homme chauve en costume gris mal coupé, une sacoche de cuir marron à la main, les lunettes remontées sur son front scintillant de sueur, m'a tendu la main.

— Jean-Charles Delebarre. On m'a signalé votre cas, je suis venu aussi vite que j'ai pu, désolé du retard mais... (soupir) on a beaucoup de boulot.

— Quoi ? Mais... Foutez-moi la paix ! On ne vous

a pas dit ? J'ai besoin de repos et d'être seule, moi, j'ai appris hier que ma fille…

— Je sais, m'a-t-il coupé sèchement. C'est la raison pour laquelle je suis là. Maintenant, vous vous mettez debout, vous enfilez des baskets ou vos chaussons moches, là, et vous me suivez. Il n'y en aura pas pour longtemps. Je suis au courant de tout, ça, n'en doutez pas, a-t-il ajouté en levant les yeux au ciel.

J'ai glissé mes pieds dans mes chaussons moches et je l'ai suivi. Nous avons traversé l'atmosphère ouatée des couloirs de maternité la nuit, pleurs étouffés de bébés derrière les portes des chambres, bip des appels aux aides-soignantes, chuintement des chaussons sur le linoléum. C'était désert.

— Voilà, c'est par là, m'a-t-il indiqué en poussant une porte que je n'avais pas encore eu le temps de remarquer, entre la nursery et les toilettes visiteurs. Je suis entrée et n'ai pas pu me retenir :

— Mais… qu'est-ce que c'est… que ce… bordel ?

Les quatre murs de la pièce – j'imaginais que c'était une réserve de l'hôpital – étaient recouverts d'étagères en métal, déformées sous le poids de milliers d'objets et cartons entassés du sol au plafond. L'homme a eu un petit rire nerveux et caressé son bouc gris.

— Évidemment. Vous dites toutes ça. Attendez… (Il s'est penché sur une boîte en plastique et a farfouillé dedans.) On va commencer avec ça… La base.

Il m'a tendu une paire de lunettes. Elles étaient hideuses, faites de plastique rose. On aurait dit un accessoire de farces et attrapes.

— Bienvenue chez le plus grand équipementier du pays pour parents d'enfants extraordinaires ! m'a lancé le bonhomme avec une fierté évidente. On m'a fait parvenir votre dossier hier, avec le nombre de points dont vous disposez pour vous équiper ici, pour les années qui s'annoncent. On est là pour les emplettes ! On se le fait, ce kit du parent d'enfant handicapé ?

— Mais…

— Tss tss, pas de mais ! Elles protestent toutes au début : « Non merci, je n'en aurai pas besoin, blablabla. ». Voyons ! Je connais mon métier, et ça commence par *là*. (Il désignait les lunettes grotesques dans ma main.) Paires de lunettes roses ! Pour voir la vie de cette couleur… Ça va compenser les lentilles « broie-du-noir » qu'on vous a posées dans votre sommeil hier. Là… (il a de nouveau farfouillé, m'a tendu un sac dans lequel il ajoutait des articles en les commentant)… bien utile aussi, l'infusion de patience ! Je vous en mets un stock conséquent, à boire sans limites, matin, midi et soir, et à emporter avec vous en Thermos lors des soins médicaux et démarches administratives. Ici, au rayon auditif… préférez-vous des bouchons d'oreilles ou un casque réducteur de bruit ? Non parce que des conneries, vous allez en entendre, alors autant que vous soyez confortablement installée… Ah, et ça ! Un peu cher, mais le must. (Il m'a tendu une sorte d'énorme canne en bois.) Le très joli bâton de pèlerin ! C'est un investissement que peu regrettent. Ça vous aidera beaucoup, pour la scolarisation notamment. Puis ça reste utile toute la vie, de toute façon, et il est en bois traité : inusable. Si vous tombez, regardez, vous reprenez appui dessus, et hop, il vous aide à repartir. Voyons voir… pour vous… ah oui ! Une paire de baskets ou un lot de quatre pneus pour votre véhicule. Pour les kilomètres que vous allez vous cogner d'un rendez-vous à l'autre. On fait aussi le bracelet podomètre maintenant, c'est mode et ça permet de rendre ludiques les quatre cents pas que vous ferez dans des couloirs. Niveau textile, j'ai bien sûr (il m'a tendu un paquet orange) la tenue de moine bouddhiste, pour la patience, ou bien, ici sur le mur, l'armure de chevalier, pour la force et la résistance !

J'ai repéré un objet bizarre, à ma droite :

— Et c'est quoi, ces lunettes cheloues ?

— Ah ! Un top des ventes ! À porter en permanence. Voyez, elles ont du scotch de chaque côté pour limiter le champ de vision. C'est un modèle anticomparaison avec les autres enfants. Elles vous obligent à regarder devant vous : l'essentiel. Prenez, celles-là, c'est cadeau. Quant à moi, je ne saurais que trop vous conseiller cette création récente : la bulle de déni ! Elle se déploie comme une tente Quechua, en deux secondes. Elle vous permet de passer quelques heures seule dans le noir, à ignorer le reste du monde. Pratique, mais à utiliser avec modération. D'abord parce que certains clients sont restés trop longtemps dedans et que… (toux gênée) c'est pas conseillé. Disons qu'il faut prévoir ceci quand on en sort. (Il désignait un petit trampoline.) Ben oui, pour rebondir ! Vous croyez quoi, que la résilience, c'est sorti tout droit du cerveau d'un psychiatre ? De la technique, tout ça, du boulot ! Ils ne le disent pas mais c'est chez nous que ça se joue ! Alors, vous prenez tout ? Je n'ai pas beaucoup de temps, vous n'êtes pas la seule nouvelle cliente, hein.

— Euh, oui, d'accord, si je peux, je prends tout alors.

— Paaarfait ! On vous fera livrer ça à votre retour à la maison. Et tenez ! (Il m'a tendu un petit papier vierge.) Ça, c'est le plus important. Si vous ne deviez ressortir d'ici qu'avec une seule chose, ce serait celle-là. Aucun de nos articles n'a d'utilité sans lui. Un chèque en blanc, à mettre au nom de votre enfant, pour la confiance sans limites que vous allez lui accorder.

## Noir et blanc : la grosse commission, le retour

Nous y voilà. Dans la torpeur de mi-juillet, la moitié du pays est déjà partie en vacances ou en train de préparer ses bagages. Nous sommes, Rémy et moi, dans une grande pièce sans fenêtre, au sous-sol d'un morne bâtiment administratif de la petite couronne parisienne. Palavas, le concours de lancer de tatanes au camping des Flots bleus, la randonnée en Auvergne ? Très peu pour nous ! Nous avons décroché, non sans mal, un billet coupe-file pour le réexamen de la demande de Louise par la MDPH. Ça ne se refuse pas. Nous avons pris bien volontiers le paquebot pour Nanterre, le ferry pour les photocopies, l'avion pour passer en commission. La CDAPH. La *grosse* commission.

Rien ne nous oblige à y assister, mais nous l'avons expressément demandé. D'abord parce que c'est notre droit, ensuite parce qu'on ne peut pas râler depuis des mois sur le fait que toutes les décisions sont prises sur des dossiers, sans un mot ni un regard aux personnes concernées, et ne pas être là, aujourd'hui, à la place de Louise, pour être les porteurs des mots qu'elle n'a pas encore.

La commission… comment vous la décrire au mieux ? Spontanément, deux images me viennent en tête, pas plus excitante l'une que l'autre. La situation me rappelle tour à tour un épisode de la vieille série française *Tribunal* pour laquelle j'avais une passion inexpliquée durant mes années collège. Surtout la fin de chaque épisode, quand le juge aux cheveux blancs comme neige rendait son verdict avec l'étonnante formule : « Attendu que… » Allez comprendre pourquoi, ça me fascinait. Deuxième souvenir : l'un des divers oraux que j'ai pu passer durant mes années étudiantes. Oraux de concours ou Grand Oral de Sciences Po. Mais en pire. Parce que, au lieu d'avoir un jury de trois personnes face à moi, j'en ai aujourd'hui une vingtaine. Je vous laisse donc choisir la situation qui vous sied le mieux, entre « Accusé levez-vous » et « Liberté, Égalité, Fraternité : de ces trois valeurs qui font la devise de la République française, à laquelle êtes-vous le plus attachée ? Vous avez trente minutes ».

L'ambiance n'est pas à l'intime : deux ou trois mètres nous séparent des personnes en face, assises derrière ces tables disposées en un rectangle qui suit les contours de la pièce. Nous nous présentons, Rémy et moi, et s'ensuit un loooong tour de table (je vous rappelle qu'ils sont bien vingt là-dedans) où chacun se présente : nom et fonction. Comme lors d'un oral, je tente de les jauger et de deviner d'un regard qui va jouer le rôle du bon flic, qui celui du méchant flic. Lui, aucun doute : à quelques mètres, sur ma gauche, je reconnais M. Tatillon que j'ai eu au téléphone quelques jours auparavant, qui m'expliquait « ne pas comprendre » pourquoi j'étais si « véhémente » contre la notification d'AVS mutualisée. C'est lui aussi qui a eu cette charmante formule : « Vous savez, les parents, on les connaît… » Il reste penché sur son ordinateur et ne dira pas un mot de toute la réunion, mâchoires serrées. Il ne voulait pas que ce réexamen ait lieu. Il ne sera pas notre copain. Désolée, monsieur (PS : je ne vous aime pas non plus). Lui, peut-être alors, sous ses airs de nounours bienveillant ? Aoutch, je n'avais pas saisi, il représente l'administration qui tient les cordons de la bourse. Pas sûr qu'il soit à fond avec nous, il faudra savoir le saisir par les bons sentiments (financiers). Elle, alors… oui, oh ben elle, représentante d'une association de parents d'enfants porteurs de handicap, j'ai envie de lui envoyer des bisous et de brandir à son intention une pancarte : « À l'aide. Merci de votre compréhension. J'ai peur. » Tiens, Mme Grande-Cheffe est présente aussi aujourd'hui. C'est la supérieure hiérarchique de Mmes Épouvantail et Supérieure. Après avoir tant entendu parler d'elle sur l'air de : « C'est pas nous qui décidons, c'est Mme Grande-Cheffe », je suis presque intimidée de la voir en vrai. J'irai lui demander un autographe à la fin de la réunion.

Le tour de table est terminé. À notre tour : « Bonjour, Caroline B., maman de Louise, bonjour, Rémy B., papa de Louise. Nous sommes là pour contester la décision et vous demander de reconsidérer les besoins d'aide humaine de notre fille. Voilà, voilà… » Raclements de gorge gênés.

Mes jambes sont croisées serrées-serrées et j'ai posé mes mains à plat sur la table pour rester bien concentrée sur ma présence ici et ne pas partir en vrille ni dévoiler mon niveau de stress. On me l'a dit et redit : un parent – et surtout la mère, préjugé sexiste, bonjour ! – ne doit pas montrer qu'il craque dans ce genre de contexte sous peine de « ne pas faire sérieux ». C'est injuste, mais c'est comme ça. Les règles implicites du tribu… euh, de la commission. Tout comme cet autre non-dit qui se sent tellement fort dans l'air climatisé de cette pièce que je pourrais me lever et en découper la silhouette au-dessus de nos têtes : nous sommes les parents, nous sommes ici pour réclamer, nous plaindre, nous sommes des chieurs. J'ai beau savoir que je suis là parce que c'est légitime pour ma fille, je dois me retenir en permanence de m'excuser, de demander pardon, de dire « s'il vous plaît, exceptionnellement est-ce que… ». J'ai le sentiment que nous demandons la charité, que ces personnes en face vont devoir faire leurs propres fonds de poche pour aider Louise, et que nous avons intérêt à avoir de sacrés bons arguments pour ce temps qui nous est consacré. Cette impression est détestable. Est-ce que ça vient de moi, est-ce que je culpabilise trop ? Je ne sais pas. Je ne crois pas. Demandez aux personnes de votre entourage qui sont passées devant ce genre de commission pour faire évaluer leurs droits… Et n'hésitez pas à m'envoyer la réponse, je me sentirai moins paranoïaque.

J'ai peu de souvenirs précis du reste de la réunion, à part celui d'une tension continue lors d'un échange policé d'une bonne vingtaine de minutes. Répondre aux pourquoi, et répéter les mêmes arguments : pourquoi Louise ne resterait-elle pas en crèche ? Parce qu'elle est prête pour l'école même avec son retard. Pourquoi aurait-elle besoin d'une aide individuelle sur quinze ou vingt heures hebdomadaires alors qu'elle semble si autonome ? Parce qu'elle ne sait encore ni manger, ni s'habiller, ni écrire ni rester concentrée seule. Avec de l'aide elle évoluera en revanche – mais seule dans son coin au milieu de vingt-six gosses, pas forcément. Avons-nous prévu une solution de repli au cas où l'école la fatiguerait trop ? Tentation de la réponse officieuse mais réaliste : « Ahahah ! Non, on verra le moment venu, mais fatiguée, fatiguée… Comment dire. Attends donc que je te dépose Louise pour deux jours chez toi et on verra qui est crevée la première. » Réponse officielle : « Oui, bien sûr, dans ce cas nous ferons appel à une baby-sitter que nous connaissons. »

Comme lors des oraux d'examens, je sors de mon corps pour me regarder réciter mes discours sans émotion apparente. J'observe cette maman de Louise qui assure aux messieurs de la CAF et de la Sécu qu'elle est profondément convaincue que « c'est un investissement à long terme. Plus Louise aura l'opportunité de gagner en autonomie dès son enfance, plus elle sera indépendante et pourra apporter à la société (comprenez : moins cher elle coûtera) dans vingt ans. » Noooon, elle n'a pas dit ça, la maman de Louise ? Si, elle l'a dit. Et même si ces paroles fendent son cœur de mère, son cerveau rationnel sait qu'il faut aussi manier ce genre d'arguments, en France, en 2019. Nous ne sommes pas convoqués ici ce jour pour faire fondre l'assemblée devant des photos de la mignonne petite Louise ou les baratiner sur tout l'amour qu'elle a à donner, sur les premiers signes des « Petits poissons dans l'eau » qu'elle commence à faire. Quoique ce dernier point montrerait qu'elle fait des progrès, c'est un argument. Mais pas trop. Parce que je ne vous ai pas dit, au cours de mes échanges avec d'autres parents et associatifs avant la commission, j'ai appris quelque chose : si nous sommes là, c'est certainement parce que nous avons trop souligné les progrès de Louise et pas assez insisté sur ses difficultés en rédigeant son dossier de demande. Je vous vois venir : « Bah, avoir une trisomie 21, ce n'est pas suffisant comme difficulté ? » Apparemment non.

À ce jeu du funambule qui marche sur une corde entre le trop et le pas assez, entre demander de l'aide et montrer que l'enfant progresse et peut donc intégrer l'école avec ceux de son âge ou presque, nous avons perdu. Mal dosé notre équilibre, trop précipité nos pas, pouf ! On est tombés. C'est savant, cette discipline de compensation du handicap, cela demande de savoir montrer qu'on sait suffisamment pour être inclus avec les autres, mais pas assez pour le vivre sans soutien.

La commission est terminée. Merci mesdames, merci messieurs, pour votre écoute et votre temps, passez une bonne semaine, au revoir, sourire commercial. Le secrétaire nous raccompagne et nous assure que nous aurons une réponse, par courrier écrit, sous trois semaines. La décision va être prise aussitôt – mais en notre absence.

Y a plus qu'à attendre.

Et attendre.

Et attendre.

Une semaine plus tard, nous apprenons que toute cette sueur, cette énergie, n'a pas été en vain. Louise a le droit de bénéficier d'une AVS individuelle quinze heures par semaine dès la rentrée.

Pour une année scolaire.

Épuisés par tout ce cirque, nous avons à peine le cœur à nous réjouir. C'est gagné pour Louise, certes. Pour un an. Mais, en deux mois, nous avons pu voir que pour des milliers de familles et de gosses, c'est perdu pour des années.

Avez-vous déjà bu un verre de Victoire administrative ? Ça a un goût sacrément amer.

# Bleu larmes : le dernier jour de crèche

Les fleurs sont prêtes, une pour chaque auxiliaire, deux pour la directrice, son adjointe et les cadeaux particuliers pour Véronique, la référente de Louise.

Chaque pas qui me rapproche de l'entrée de cette crèche me chantonne : « C'est la dernière fois, c'est la dernière fois. » Je compose le code, pour la dernière fois, je vais prendre la poussette, pour la dernière fois, je passe la carte de Louise dans la badgeuse horaire, pour la dernière fois.

Dans ma tête défilent toutes les premières fois qui ont eu lieu entre ces murs. Première fois que j'ai laissé ma fille, pour toute une journée, à une personne qui n'était ni ma mère, ni ma sœur, ni ma belle-mère.

Je suis entrée ici il y a trois ans, portant dans mes bras un bébé dont je craignais qu'elle ne soit rejetée. J'en ressors en tenant la main d'une petite fille qui marche – ça fait un mois, hourra ! – et qui chaque matin retrouve ses deux copains préférés. Une grande fille, connue et appréciée, pas *malgré* ce qu'elle est, mais bien *pour* ce qu'elle est.

C'est le dernier jour. Je l'appréhende depuis des semaines déjà, mais avec précision depuis quelques jours. Je sais, c'est pareil pour tous les parents de tous les enfants : lorsque Paul a quitté son assistante maternelle avant d'entrer à l'école, nous étions toutes deux en larmes et le cœur en vrac.

Louise, évidemment, ajoute toujours sa touche en plus à la palette des émotions parentales. Du rouge, car je suis heureuse qu'elle aille de l'avant. Du rose, parce que ces trois années à la crèche ont été une période douce, où nous nous sommes sentis épaulés, Louise a été chouchoutée ; une belle parenthèse d'humanité. Du bleu, celui du spleen, du temps qui passe chaque jour un peu plus vite et m'envoie en pleine face que mon bébé n'en est plus un. Du vert, pour l'espoir que les années à venir soient pour elle à l'image de celles qui viennent de s'écouler – malgré tout. Du brun, pour mes peurs – angoisses maternelles normales de la séparation pour l'école, dose supplémentaire de souci parce que c'est difficile de ne pas voir son enfant avec handicap comme « plus fragile » que les autres. Et enfin, du jaune soleil, parce que c'est ainsi que Véronique surnomme Louise, « mon soleil », dans une lettre qu'elle lui a écrite et qu'elle nous confie avant notre départ.

Ses mots touchants, j'ai envie de les mémoriser comme un ordinateur, pour ne jamais les oublier et me faire chaud au cœur quand il aura un peu froid. Ceux qu'elle murmure à l'oreille de Louise, qui, si elle ne comprend pas tous les mots, sait comme personne ressentir les émotions et se fait soudain calme et douce dans les bras de sa Véronique dont les larmes coulent : « Tu vas me manquer… tellement me manquer… Tu m'as changée… Chaque jour était incroyable avec toi, te voir progresser, tu es celle que je voulais vraiment continuer de voir évoluer… Continue de faire changer les choses comme tu le fais. »

J'ai envie de la serrer si fort dans mes bras mais ça ne se fait pas – allez merde, la bise et le hug. Je voudrais lui dire combien je n'oublie pas et n'oublierai jamais notre première rencontre, lorsque Louise était passée de mes bras aux siens. Ni toutes ses attentions spéciales pour Louise – oh, on le sait bien, que notre fille elle-même ne tenait pas le pinceau seule lors des premières séances de peinture. Et nous avons eu droit à nos dessins, même si les nôtres débordaient, nos collages, même si la main de Louise avait été largement accompagnée pour disposer le coton en forme de petit mouton, et notre moulage de main même si la sienne a eu bien du mal à tenir en place. Ça n'était pas grave, c'était pour des cœurs de parent et ceux-là n'ont pas toujours envie de s'embarrasser de détails.

Je me souviens qu'en me rendant à la crèche, les premières fois, j'étais saisie de pensées solennelles. « C'est son entrée dans la vie sociale. » « Elle va être avec les autres. » C'était si important. Le solennel est devenu douceur, quotidien, rhumes, apprentissages, tirages de cheveux, bronchiolites, jeu à côté des copains et progressivement *avec* les copains, station allongée, et assise par terre, et assise sur un fauteuil, et puis debout, mais oui, de-bout ! Tout ce condensé de vie en trois ans et au sein du même groupe.

J'essaie d'endormir ma nostalgie, quelques heures après les au revoir et de sécher mes larmes en contemplant comment « cet enjeu » s'est bien déroulé. Il me faut en tirer des leçons pour les prochaines étapes qui m'effraient. La plus importante, c'est que Louise a pu le faire. À sa manière, à son tempo, avec ses propres atouts, en débordant du cadre comme ses dessins, en envoyant valser les normes comme ses ballons, mais elle l'a fait.

## Noir et blanc : école, J moins dix

Après la tornade des derniers mois passés à anticiper le pire de la scolarisation, j'ai réussi à mettre à distance la crainte de la rentrée. La recette est simple : ajouter quelques centaines de kilomètres entre la porte de l'école et nous, une dizaine de tonnes de sable, une mer scintillante, des bouées et autres bateaux gonflables, des grasses matinées et petits déjeuners au lit avec câlin du matin et bisous eskimos aux enfants. Secouer, le plus longtemps possible. Laisser reposer. Et revenir près de cette porte de l'école le plus tard possible. Nous ne préparerons les cartables que la veille au soir, je mettrai mon téléphone portable en silencieux et je ne prendrai aucun appel anxiogène – j'ai enregistré tous les numéros « Éducation nationale » et « MDPH ».

Seulement voilà, la trouille s'infiltre sous les barricades, passe les volets, les portes fermées, comme le vent souffle jusqu'à ta chambre les grains de sable qui te grattent la peau la nuit car il y en a plein les draps.

On me dit que c'est normal d'être anxieuse la veille d'une entrée en maternelle. C'est un cap, un symbole, la séparation avec un grand S. C'est le jour où « ton bébé » n'en est officiellement plus un. Je réponds que je sais. Louise est mon deuxième enfant et j'ai déjà eu des palpitations à serrer fort une toute petite main dans la mienne à l'entrée d'une salle de classe. Je n'ai pas oublié. Mais je peux témoigner, du coup, que c'est cent fois plus effrayant lorsque la petite main est celle d'un enfant avec handicap.

Je sais que je ne devrais pas, mais j'ai peur pour elle. À cause de ce handicap, la force de mon instinct de protection est démultipliée. Je panique. Je vois Louise fragile, sans défense, sans moyens de communication, balancée dans un univers auquel elle ne connaît rien. Dans mes accès de panique, je me dis qu'il faudrait que je reste à ses côtés en classe pour traduire ses besoins, ses humeurs, ses peurs aux personnes qui vont l'entourer.

Qui sera d'accord pour changer sa couche, puisqu'elle n'est toujours pas propre ? Qui aura la patience d'exécuter ce geste qui me saoule moi-même tellement, trois à quatre fois par jour depuis plus de trois ans ? Qui saura la différence entre un balancement qui signifie qu'elle a besoin d'être au calme, d'un autre qui est une petite danse de joie ? Qui saura décrypter un cri de colère et un qui signifie qu'elle veut jouer avec les autres enfants ? Qui va la rassurer, elle, lorsque le bruit d'une cour de récréation est soudain trop fort et les galopades des enfants trop impressionnantes, qui saura manœuvrer pour l'amener à réaliser une activité précise, capter son attention, attendre en comptant mentalement jusqu'à dix pour lui laisser le temps de comprendre et de réagir ? Qui saura ne pas la laisser dans son coin – juste car c'est la solution la plus simple ?

Le handicap, je vous l'assure, démultiplie les habituelles difficultés à lâcher prise et le sentiment coupable d'abandonner ce « petit » qui reste petit plus longtemps que les autres.

Combien de fois vais-je me dire : « On n'aurait jamais dû, c'est de la maltraitance, c'est trop dur pour elle » face à un obstacle ? Car il y en aura, et ce n'est pas être pessimiste ou catastrophiste que de le dire. La seule incertitude est de savoir comment Louise sera entourée pour les vivre. Et cela dépend aussi de nous, parents, de moi, maman. On peut baisser les bras – et il y a pas mal de monde que ça ne dérangera pas – et se résoudre au fait que c'est trop compliqué, que pour son bien il ne faut pas trop pousser, qu'elle a avant tout besoin d'être protégée. On peut aussi faire violence à cet instinct de maternage et se souvenir que, dans la vie, la peur est rarement la meilleure conseillère quand il s'agit d'avancer. Que le conseil unanime des parents de jeunes adultes avec trisomie 21 est : « Essayez, faites-lui confiance, n'abandonnez pas à l'avance. »

Alors, dans ces moments où j'anticipe les catastrophes, où mon ventre se tord, où je me demande combien d'heures il faudra que j'aille courir pour me défouler durant ces premiers jours d'école où je la saurai « seule » comme une grande, ces jours de peur paralysante, il faut que je pense à cet épisode aussi insignifiant qu'énorme.

Le premier tour de manège.

Tous les trois mois, sur la place commerçante de notre quartier, vient s'installer un manège pour enfants. Face à la supérette et à la boulangerie, sur le chemin entre les deux écoles, la crèche et les immeubles d'habitation, il déploie stratégiquement ses lumières, sa musique, son hélicoptère qui s'envole, son camion de pompier rouge et ses Jeep aux couleurs de héros Disney. Un incontournable pour les riverains de deux à sept ans. À dix-huit mois, Louise n'a pas encore eu droit à son baptême, la faute à l'hypotonie causée par la trisomie 21, qui complique la position assise seule et sans appui. Mais depuis quelques mois, elle a beaucoup progressé et commence à muscler sérieusement ce corps qui donne parfois l'impression d'une poupée de chiffon. J'ai croisé le forain en train d'installer son manège le matin même, et je me suis dit : c'est le moment.

Chaque parent a ses marottes, ses rites de passage, qui relèvent, j'imagine, de l'histoire de chacun. Pour moi, « faire le premier tour de manège » est un symbole très important. Quand j'avais appris que Paul, en week-end chez ses grands-parents, avait fait son premier tour dans le Vaucluse en mon absence, je m'étais empressée quelques jours plus tard de le coller dans la voiture aux couleurs de Harry Potter du manège de la place des Fêtes, à Paris, où nous vivions alors. Le premier manège, c'est maman.

J'ai donc pris bonne note : ce soir, je vais chercher Paul à l'école, Louise à la crèche, et j'achète deux tickets. Mais alors que je mène Louise dans sa poussette vers l'attraction, ma belle assurance fond comme neige au soleil. Rémy nous a rejoints et je lui fais part de mes doutes. Est-ce que ce n'est pas un peu tôt pour Louise ? Est-ce qu'elle ne va pas avoir peur de la vitesse, s'effondrer sur le siège de l'hélicoptère, pas assez enveloppant, glisser dans l'engin et pleurer,

pleurer, tout ça à cause de sa mère qui a voulu « faire comme pour son frère », mais qui n'est finalement qu'une sale sorcière égoïste et malveillante ?

Il ne m'écoute pas et ignore mes doutes (béni soit-il). Ça va bien se passer. Louise est tout à fait capable. Nous laissons Paul choisir leur véhicule. Je sangle mes deux enfants dans un Bob l'éponge volant et fixe du regard « ma petite Louise, mon bébé, ma pauvre petite fille handicapée » à travers l'écran fumé de mes lunettes de soleil (l'été, c'est tellement plus pratique pour dissimuler ses yeux mouillés de mère émotive). J'envoie des coucous à Paul et Louise en luttant pour dissimuler ma franche trouille et mon envie de chialer.

Et c'est parti. Le manège démarre, la catastrophe se rapproche. Ça va beaucoup trop vite, ces engins. Y a-t-il moyen de demander au monsieur de ralentir sa machine parce qu'il y a une petite fille handicapée là-dedans ? Elle est fragile, elle n'a pas l'habitude, c'est fait pour les enfants valides et normaux, il n'est pas au courant, ça va sûrement très mal se passer et moi je...

Le manège a effectué son premier tour et mes enfants viennent de me passer sous le nez. Hilares. Même Louise. Surtout Louise, qui explose de rire à mesure que son frère fait monter, descendre, monter, descendre ce ridicule Bob l'éponge volant. Est-ce qu'elle a un peu glissé dans son siège ? À peine, mais surtout, elle s'en fout. Elle lève les bras en l'air, rit, scotche sur les ampoules multicolores du manège et tend régulièrement sa main gauche vers son frère pour lui toucher l'épaule, en guise de câlin rassurant qui dirait en même temps : « Vas-y, continue ! »

Aucune catastrophe ne se produit. (Évidemment.)

Louise adore le manège. (Évidemment.)
Elle était tout à fait prête. (Évidemment.)
J'ai paniqué pour rien. (Évidemment.)
Louise vient de faire son premier tour de manège, elle n'a pas eu peur, a ressenti un immense bonheur dont mes doutes de mère poule auraient pu la priver pour plusieurs mois ou années.

Cet épisode doit rester comme un énorme Post-it fluo à coller sur mon frigo mental, pour toutes les situations à venir où j'aurai la tentation de protéger ma fille du monde plutôt que de la pousser à monter dans ce grand manège clignotant qu'est la vie. Celui qui impressionne au début mais apporte tant de joie une fois qu'on est lancé.

## Jaune d'or: le «frère de»

— Tu veux jouer à la balle avec moi?

Paul a osé. Du haut de ses sept ans («et demi, on a fêté le demi-anniversaire il y a deux jours!»), il a abordé la petite voisine du village vacances. Enfin, petite. Grande: elle a dix ans. Il s'est jeté à l'eau pour lui proposer de jouer au foot (les modes de drague évoluent décidément au gré des générations, mais ça semble fonctionner, bravo, mon fils).

Les deux commencent à échanger des passes avec le ballon «Reine des neiges» de la petite blonde, et, tout en bouquinant, je laisse traîner une oreille de maman curieuse. Mes enfants me le reprocheront dans vingt ans au sortir de leur psychothérapie mais, j'avoue, j'adoooore écouter leurs conversations de cour de récré. «Tu as quel âge», «t'habites où», pour le moment les points formels et codes sociaux sont abordés.

Quand déboule dans un cri de joie Louise, qui sort de son pas hésitant de notre maison de vacances pour rejoindre les deux grands sur la pelouse attenante.

— C'est ta petite sœur? demande la «grande» Zoé.

— Oui, répond Paul, concentré sur sa touche de balle à la Griezmann, son idole.

— Ah oui? Elle est…

Hop, le temps se suspend pour la maman que je suis. Je me tends en essayant de deviner ce qui va suivre. Bizarre, handicapée, petite ? Tout est possible, avec les gosses. Peut-être va-t-on devoir ressortir les explications pédago sur la trisomie 21, ou préciser pourquoi elle marche mal, ou encore…

— … Trop mignonne ! Elle a quel âge ?

Relâchement de la maman. Je me sermonne et me jure de cesser d'imaginer le pire chaque fois, surtout quand il s'agit de Paul. Pendant qu'ils continuent leur babillage enfantin – et je crois bien que cela dérive sur la trisomie 21, mais pourquoi pas, ce n'est pas tabou et Paul a l'habitude d'en parler – mon esprit s'échappe du polar que je suis en train de lire vers cette question que l'on me pose souvent à propos de Paul.

« Et lui, en tant que grand frère, il le vit comment tout ça ? »

Je n'ai jamais de réponse exacte. Il faudrait lui demander, à vrai dire. Mais en grand frère responsable, en jeune garçon sensible, propulsé beaucoup plus vite que les autres dans l'univers de la différence et du handicap, il ne dirait peut-être même pas la vérité. Alors je réponds juste ce que je constate : « *So far, so good* », comme disent les Américains. Jusqu'ici, ça va.

Bien sûr qu'il est conscient du handicap de sa sœur : nous lui avons expliqué dès la première heure où nous avons appris le diagnostic. Il grandit, elle aussi, et il a sous les yeux au quotidien les différences entre Louise et ses camarades du même âge : comment ils se sont mis à marcher alors qu'elle démarrait à peine le quatre-pattes, comment certains racontent déjà leur vie alors qu'elle répète la même syllabe en boucle. Donc, bien sûr, il sait, et il connaît les causes de tout cela – le fameux chromosome en plus. Je l'ai entendu plusieurs fois, aussi, expliquer simplement à ses meilleurs copains, ceux qui viennent chez nous, ceux qui prennent le même chemin que nous à la sortie de l'école, le soir, quand Louise vient « chercher Paul » dans sa poussette. Le grand frère dit : « Oui, elle a deux ans ; non, elle ne marche pas alors que toi, ta petite sœur marchait à deux ans et c'est normal, c'est parce qu'elle a une trisomie 21. » Vu qu'à six, sept ans, les questions plus précises sur l'analyse du caryotype sont rares et qu'ils enchaînent vite sur la nouvelle carte Pokémon, ça passe sans problème.

Une fois, Paul nous a même surpris en nous racontant une anecdote de sa journée de CP. Toute sa classe avait préparé à la maison, avec l'aide des parents, des « arbres généalogiques » de leurs familles respectives, avant de les présenter aux autres.

— Tu sais, maman, il y a eu un truc bien aujourd'hui avec les arbres généalogiques.

— Ah bon ?

— Oui, à la fin, la maîtresse a demandé qui avait quelque chose de spécial à dire sur son arbre, et y avait que moi qui avais un truc à raconter.

— Et c'était quoi ?

— J'ai dit que ma sœur, elle avait la trisomie 21. Alors la maîtresse m'a posé des questions, elle voulait savoir si c'était un chromosome en plus ou en moins, mais je n'étais plus sûr, alors je lui ai dit « en plus, je crois ».

— Quelle histoire, en effet ! Et alors, tu étais

content d'avoir un truc particulier à dire, ou ça t'a ennuyé ?

— Non, j'étais content. Et surtout, après, tous les copains sont venus regarder mes photos et ils trouvaient que ma petite sœur, elle était trop marrante, parce qu'on avait collé la photo où elle rigole, tu sais ? C'était bien.

Je ne suis pas sûre qu'il trouvera toute sa vie que ce soit si bien d'avoir une sœur différente. Pour le moment, il semble ne pas y voir de problème, c'est une des données de sa normalité.

Je suis fière de lui, souvent. Mais parfois je crains pour Paul. Un jour, il sera blessé par une remarque, une moquerie. Certes, « les temps ont changé », mais c'est inévitable, il va s'en prendre une. Ça me crève le cœur de penser que mon grand-petit garçon va souffrir à cause de l'ignorance, de la bêtise ou de la méchanceté des autres. En sortira-t-il plus fort, amer ou affaibli au contraire ? Sera-t-il par moments furieux contre elle, cette petite sœur un poil trop « petite », un poil trop aimante, un poil trop collante, quand le temps de l'adolescence arrivera par exemple ? Ou bien sera-t-il comme ces « frères de » avec qui j'ai pu échanger et qui me disent, dans la grande majorité, qu'avoir dans leur fratrie une personne pas comme les autres a fait d'eux quelqu'un de meilleur ?

Un de mes amis, dont l'une des sœurs a la peau noire alors que la sienne est on ne peut plus claire, m'a confié que faire face au regard des autres l'avait certainement rendu « moins con ». Voir sa sœur rentrer de l'école en pleurs parce qu'on lui avait lancé qu'elle ne pouvait pas être l'enfant de ses parents, ou autre délicate remarque enfantine, l'avait en quelque sorte sensibilisé à la stupidité face aux différences. J'espère que ce sera le cas pour Paul.

La veille de son entrée au CP, le voyant quitter la bulle de petite enfance qu'est l'école maternelle, j'avais publié sur les réseaux sociaux un petit texte pour exprimer les craintes qui m'envahissaient alors que Paul s'apprêtait à être «le petit» dans la cour des grands. Cette cour tant redoutée.

«Ce lundi, "mon petit" Paul fait sa grande rentrée: le CP.

Je suis fière, heureuse pour lui. Je sais qu'il est bien à l'école, qu'il y retrouvera ses amis, qu'il adore apprendre et qu'il a la chance d'avoir des facilités. Aucune ombre au tableau, la fête devrait être complète. Pourtant, j'ai un nuage dans la tête.

Paul n'est pas seulement Paul, il est "le frère de". Vous me direz, on l'est tous, hein, où est le problème? Ça se complique un tout petit peu quand on est «le frère de» quelqu'un de différent. Le nuage dans ma tête, c'est qu'en entrant au CP, Paul entre aussi dans la cour de l'école primaire. Avec ses jeux, ses enjeux, ses bisous volés mais aussi ses taquineries et ses insultes qui volent.

Vous voyez où je veux en venir?

Triso. Gogol. Mongol.

J'ai peur du jour où dans son premier cartable de "grand", il va rapporter une drôle de tristesse étonnée et nous dire: "Quelqu'un a traité un autre de trisomique."

Trisomique, il sait ce que c'est, Paul. Il sait ce que c'est pour de vrai. Pour lui, c'est une partie de ce qu'est sa sœur, point. C'est ce qui fait qu'elle ne marche pas encore alors que ses camarades de crèche galopent, qu'elle devra aller à l'école "avec une dame ou un monsieur pour l'aider à apprendre" et qu'elle aura bien plus de mal que les autres à faire les exercices. On lui a tout expliqué au mieux depuis le début. Mais ce qu'il ignore encore, c'est que la trisomie, c'est aussi une insulte.

J'anticipe, je sais, et c'est mon défaut. Peut-être que ce moment n'arrivera pas vite, peut-être qu'il n'arrivera pas du tout. Mais il n'y a pas de formation pour vous dire ce qu'il faut faire « dans ces cas-là » en tant que parent. Il n'y a pas de bouclier surpuissant que je pourrais prêter à mon fiston pour parer à l'ignorance et à la bêtise, et le protéger de ce pincement qu'il va connaître un jour. Il n'existe pas, pour moi, de costume de Wonderwoman pour pulvériser tout ce qui pourrait faire mal à mon petit ; ça, on n'a pas en stock.

Nous lui expliquerons que les gens ne savent pas, qu'ils disent ça sans réfléchir, que ça ne change rien à sa sœur. Peut-être qu'il aura mal. Peut-être qu'il aura honte, et ça me déchire le ventre en deux rien que d'y penser.

En attendant l'usine à superpouvoirs, vous qui lisez ces lignes, vous pouvez chacun faire quelque chose. Si vous entendez vos enfants, vos cousins, ou vous-mêmes (oh je sais hein, je l'ai fait aussi moi, je ne suis pas devenue une sainte d'un coup d'un seul, puisque je vous dis que je n'ai pas la cape, je n'ai pas non plus l'auréole), si vous les entendez dire : "Oh t'es triso ou quoi, toi ?" : reprenez-les.

Ne les disputez pas. Expliquez-leur simplement ce que c'est vraiment qu'"être triso". Montrez-leur la page Facebook de Louise, si besoin, elle est faite pour ça. Et dites-leur que peut-être, sans qu'ils le sachent, autour d'eux, un de leurs copains a une cousine, un frère, un oncle "triso" et que cette banale insulte va lui faire beaucoup de mal.

Proposez-leur d'échanger le mot par "con". Cette pathologie-là est tellement répandue que ça ne blessera personne en particulier. »

Une année scolaire a passé depuis ce texte et Paul a rapporté bien des histoires dans son cartable : le croche-pattes d'un CE1 lors d'un match de foot, son meilleur ami « avec qui il n'était plus copain à la récré du matin mais s'est réconcilié à la récré du midi », et untel qui n'a pas voulu jouer avec lui aux cartes. Mais pas de triso ou de gogol. J'ai sûrement été trop inquiète, ou lui déjà mûr, ou bien les choses sont-elles plus simples que dans mes inquiétudes de mère.

Mais il y a ces moments où je suis d'avance fatiguée pour lui, où j'ai presque envie de lui dire : « Pardon, mon grand. Désolée que tu aies ce truc à porter, toi aussi. » Comme quand, en vacances toujours, on te voit jaillir de la pièce où tu joues avec d'autres enfants, avec cette question aux lèvres : « Je ne me souviens plus, la trisomie 21, c'est un chromosome en plus ou en moins déjà ? » Ça me serre le cœur, de te voir interrompre un dessin animé pour ça, avec ton air sérieux si typique. J'aimerais bien que tu n'aies rien de tout cela à supporter, mais ça va te coller à la peau. Oui, mon petit-grand, toi aussi tu vas vivre équipé du bréviaire pour répondre aux questions des autres. Il y aura des moments où tu en auras marre, du poids de ces pourquoi et ces comment, et où tu nous les renverras à la face en clamant que tu n'as jamais rien demandé, toi. Un peu comme nous, tes parents ; un peu comme ta sœur en premier lieu. On n'a rien demandé. Et ce sera normal d'en avoir marre de temps en temps ; comme elle et nous, aussi.

Pour répondre à cette question, donc : « Et Paul alors, lui, comment il le vit ? », je crois que je n'ai que ceci à écrire : il le vit, justement. Comme nous, il aura certainement ses hauts et ses bas mais j'ai déjà confiance en mon grand-petit bonhomme pour trouver le moyen de surfer sur ces vagues. Et surtout, j'espère qu'il saura qu'à jamais, nous ses parents, nous serons là pour le remettre debout sur la planche, pour affronter la houle quand c'est plus difficile.

## Noir et blanc : école, H moins douze

Les mois de bataille sont passés, le temps de rêvasser dans sa bulle de vacances, de noyer le réel dans les vagues de la Méditerranée, est écoulé. La rentrée, c'est dans quelques heures. Paul et Louise sont au lit, leurs cartables et sacs à dos sont prêts, moi beaucoup moins. Il est 23 heures environ, je scotche sur le balcon à regarder à mi-chemin entre les étoiles et le vide, et j'ai la tête qui tourne. Va savoir pourquoi, je replonge dans ces moments, il y a trois ans et demi de cela.

Elles sont peu nombreuses, les mères qui comme moi ont pensé à l'école maternelle dès la chambre de la maternité. Chacune doit avoir ses obsessions, son Everest personnel au moment où on lui annonce le handicap de son enfant. Pour moi, l'entrée à l'école figurait haut, très haut, tout près du sommet des angoisses. Et c'est dans quelques heures. Se mêlent en moi l'habituel et le pas normal, l'attendu et l'extraordinaire de son parcours. J'ai peur, je suis fière, pas mal, de Louise et de nous sa famille, je suis mélancolique, beaucoup, parce que je vois bien que plus les mois et les années passent, plus les choses à régler deviennent fines et complexes – oh, le temps des biberons et des siestes, par dizaines, des réveils nocturnes, des rendez-vous médicaux, ce que j'ai pu les maudire, mais là… LÀ… on entre dans le dur.

## Arlequin : école, premier matin

Rose fuchsia, le sweat à capuche. Corail, le tee-shirt qui affiche un grand « Love ». Noir, le legging. Argentées, les sandales qui vont avec cette journée ensoleillée de début septembre ou de fin d'été, selon que vous êtes optimiste ou pessimiste. Rose à pois blancs, le petit sac à dos en forme de pingouin funky qui contient une couche et des vêtements de rechange. Blanc, le chouchou pour lui attacher les cheveux en une couette du côté gauche, façon *Les Triplés*, c'est ce qu'il y a de plus facile. Rouge, la remorque accrochée au vélo qui aura la tâche quotidienne de mener Louise et son grand frère à l'école chaque matin – plus rapide que la marche encore fragile, moins stigmatisant que la poussette. Cette rentrée scolaire est un arc-en-ciel pensé dans chaque détail.

Ajoutons le marron bien sombre pour les cafés serrés avalés par les parents qui ont bien peu dormi, et le caramel, la couleur de la peau du grand frère fraîchement débarqué des grandes vacances au bord de la Méditerranée.

Paul démarre les festivités avec une rentrée à 8 h 35, l'heure normale, rien d'exceptionnel pour lui : en CE1, il est déjà un routard de l'école primaire. Pour sa sœur, ce sera une demi-matinée avec rentrée par moitié de classe à 10 h 15. Session d'apnée prévue pour moi, ensuite, jusqu'à la sonnerie à 11 h 35.

Trois, deux, un : c'est parti, après les traditionnelles photos des enfants, cartables et sacs sur le dos, que fait chaque famille française tous les ans un lundi de septembre. Voir le côté positif des choses : d'ici quelques minutes, je n'aurai plus pour hobby principal d'angoisser sur l'inconnu à propos de la rentrée de Louise. Ce sera fait. Hop. Quelques centaines de mètres à vélo, et nous voici devant l'école. La dernière fois que nous avons franchi cette porte, avec Louise, c'était il y a plus de deux mois, et elle était encore vacillante sur ses jambes. La fusée est lancée, et ce matin, c'est moi qui dois quasiment lui courir après alors qu'elle se dandine en accéléré, sans aucun besoin de tenir une quelconque main parentale, vers la porte ouverte sous ces trois mots figés en grandes lettres capitales « Liberté Égalité Fraternité ».

Rémy et moi rattrapons Louise pour l'aider à monter les cinq marches qui mènent aux classes de maternelle. La sienne est au fond du couloir, à gauche. Devant l'entrée, un attroupement : une poignée de parents serrent fort les menottes de bouts de chou qui n'en mènent pas large. Je tapote la poche arrière de mon sac à main pour vérifier que j'y ai bien glissé un paquet de mouchoirs en papier. Pleurera, pleurera pas : c'est le pari à la mode lors des rentrées de petite section de maternelle.

Comme si, à son habitude, Louise voulait nous démontrer combien on a eu tort de se ronger les sangs et de douter pour elle, elle ne marque aucune hésitation en remontant le couloir. Petite Fusée accélère, se dirige vers la file d'attente devant la classe, dépasse tout le monde et fonce dans la pièce. Je dois la rattraper par le sac à dos pour qu'elle respecte l'ordre d'arrivée – ça commence bien. Vient notre tour, et comme on ne fait jamais rien tout à fait comme les autres, c'est un régiment qui nous attend pour accueillir Louise. La maîtresse, qui exerce dans cette école depuis longtemps mais que nous ne connaissons pas, l'AVS (car elle est là ! le combat a payé), l'Atsem qui s'occupera de Louise comme de ses petits camarades de classe, et aussi une personne dépêchée par l'Éducation nationale spécialement pour la mise en orbite de notre engin spatial. Je l'écoute m'expliquer qui elle est et ce qu'elle fait là, assise derrière un ordinateur portable sur un petit bureau, mais les émotions brouillent mes ondes et je ne comprends qu'un mot sur deux… nouveau métier… inclusion… vérifier dans les classes si tout se passe bien… besoins spécifiques des enfants. Peu importe, elle est là, tant mieux, je pourrais remercier le pape en personne sans plus de chichis s'il était présent, tant rien ne compte que le fait qu'aujourd'hui mon bébé devient une écolière presque comme les autres.

Je donne à l'AVS et à la maîtresse des fiches imprimées à la hâte hier soir : il faut bien s'occuper, quand on angoisse et qu'on est une obsédée du contrôle. Sur ces feuilles A4 pliées en deux façon minilivret, j'ai imprimé une jolie photo de Louise et une liste de « j'aime/j'aime pas » qui la raconte en quelques mots. Histoire de combler le gigantesque vide que laisse l'organisation des rentrées scolaires où les parents rencontrent, le jour J seulement et en quelques minutes, les personnes qui vont accompagner leur enfant. Pour cette raison, j'ai aussi fait passer avant l'été à la directrice un livret de l'association Trisomie 21 France, qui explique comment fonctionner au mieux à l'école avec ce chromosome en plus, ses faiblesses et ses forces. De l'information, ça rassure tout le monde, à commencer par moi.

Évidemment, ce matin, au milieu des pleurs et des cris d'enfants, personne n'a le temps de lire ma prose mais peu importe, le geste est apprécié et je fais promettre : pour toute question, surtout ne pas hésiter, demander aux parents.

Louise ne pleure pas. Je m'en doutais un peu.

Je ne pleure pas non plus, et ça, en revanche, c'est la surprise. Mais c'est l'effet Louise. À côté des petits bouts vissés à leur maman, en pleurs, ou qui collent visages et mains à la vitre pour appeler à l'aide leurs parents qui s'en vont, Petite Fusée vit l'instant. Il faut bien que le 47e chromosome ait ses avantages. Son caractère joue aussi, et petite demoiselle n'a jamais eu beaucoup d'angoisse de la séparation. Dernier regard en arrière. Passer la porte et sortir de l'école.

Voilà, c'est fait.

Elle, c'est ma fille, Louise, deux bras, deux jambes, un chromosome en plus et un petit sac à dos d'écolière.

## Marron fumier : les questions vaches

Depuis que la page Facebook de Louise existe, depuis ses quatre mois, la vague de soutiens est puissante, et elle nous porte au quotidien. L'échange, les rencontres, les témoignages, les commentaires, les encouragements sont des courants forts qui poussent vers le haut les jours où l'on a peur de se noyer. Il suffit d'ancrer un peu mieux ses pieds sur la planche et de se laisser glisser, vers le sommet, par la force de l'eau.

Mais toutes les vagues peuvent se briser contre un mur, perdre de la puissance contre une digue, et dans ce cas, surfeuse des émotions, je glisse de ma planche et je plonge sous l'eau. Parfois la tête la première. En ayant même oublié d'enfiler au préalable ma combinaison néoprène qui protège du froid du courant ou du coupant des rochers.

Ces murailles sur lesquelles la vague se casse, ce sont les questions vaches. L'interrogation d'une femme enceinte, noyée dans ses propres angoisses : « Tu l'avais faite, toi, la prise de sang pour le DPNI (dépistage prénatal non invasif) ? Et ton tritest, tu avais eu un risque sur combien, en statistiques ? » Comme si mon propre « score » lors de la grossesse de Louise allait lui donner une indication sur ce qu'elle doit ou non s'attendre à vivre. Comme si j'étais le

Paris-Turf de la trisomie 21, annonçant les pronostics du tiercé gagnant, « Parce que moi, la trisomie, c'est mon dada ». Comme si, aussi, j'allais l'absoudre de la culpabilité qu'elle ressent de redouter la trisomie 21, sauf que je n'absous rien, et que ça me bouffe les entrailles d'entendre cette musique qui fait : « Elle est super-mignonne, ta fille, mais dis-moi tout de même comment ça s'est passé pour qu'elle arrive, parce que je l'adore de loin, mais ça me terroriserait de vivre la même chose que toi. »

Une autre digue ? Cette médecin que j'interroge, en tant que journaliste pour un article de magazine santé, qui ne connaît – Dieu merci – rien de ma vie personnelle et laisse échapper, avec tellement de naturel : « Oh non, ce traitement ne présente aucun risque particulier en cas de grossesse, y a pas davantage de danger de perdre le bébé, ou de trisomie, ou quoi que ce soit. » Comme si les deux risques étaient du même ordre. Nouveau mur, nouveau rocher, quand j'ouvre un magazine féminin pour découvrir une interview de la ministre chargée du handicap, avec sa fille, porteuse de trisomie 21 elle aussi, et que les deux premières questions portent, l'une sur le rappel par la journaliste de sa propre peur du handicap pendant sa grossesse, la suivante sur ce qu'aurait fait la ministre « si elle avait su, pendant sa grossesse ». Dernier récif, ce message qu'une anonyme m'envoie en privé, me remerciant de témoigner « avec autant d'honnêteté » de notre quotidien avec le handicap, et de l'avoir ainsi aidée à prendre sa décision d'interruption médicale de grossesse la semaine suivante.

Quand la mer vient frapper contre ces brisants,

je vous avoue que je repique en plongée, loin sous la surface. Et j'ai envie de rester, bien au fond, par moins cinq cents mètres si possible. À quoi ça sert d'avoir écrit, crié, photographié pour s'assurer que les autres changent de regard sur le handicap de son enfant ? À quoi ça sert de brandir une belle planche aux couleurs de l'inclusion, si c'est pour avoir l'impression d'être un épouvantail à futurs parents plutôt qu'une belle surfeuse aux cheveux salés ? À quoi ça sert d'y avoir cru quand on voguait sur les mots chaleureux, rassurants, les sourires et les regards confiants, à quoi ça sert tout ce cirque si c'est pour se rendre compte qu'au final, la trisomie 21, c'est très bien, c'est tout à fait accepté, mais ça reste tout de même mieux chez les autres ?

## Noir et blanc : école, deuxième semaine

15 h 45. L'heure officielle de la sortie des classes. Depuis 8 h 45 ce matin, j'occupe en experte mon emploi du temps, mon corps et mon esprit pour ne pas me laisser envahir par cette idée : c'est la première journée complète d'école qu'aura faite Louise. J'ai ouvert la porte au mal de bide il y a vingt minutes exactement, quand il s'est révélé que je n'avais plus assez de temps pour faire du sport ou écrire un article ou lire un livre ou appeler quelqu'un ou tricoter des pulls ou préparer le semi-marathon ou démarrer un bœuf mironton. « Pas après pas », me conseille toujours une amie. « Prends les heures les unes après les autres, les journées une à la fois, les progrès chacun en son temps. » Que c'est dur ! Les choses se passent, je le crois, plutôt bien pour Louise depuis la semaine dernière. C'est moi, le problème (c'est toujours la mère, le problème, on n'est pas d'accord ?). J'ai du mal. Ce fameux cordon qu'il faut couper, ou à défaut distendre, rendre plus souple, plus long et élastique pour permettre à son enfant d'avancer, ce maudit cordon, j'ai du mal à le laisser aller.

C'est pareil pour tout le monde. OK. Mais le handicap en rajoute une couche. Ce cordon-là est tressé de mille fils bien serrés : celui de la culpabilité initiale, des peurs ressenties à la maternité et du sentiment de fragilité qui en est resté, de la détermination qu'il a fallu afficher face au monde extérieur au moment de l'inscription à l'école, des doutes qui étaient pourtant toujours là en filigrane à l'idée d'avoir pris « la mauvaise décision » et d'être (on y vient, la voilà) UNE MAUVAISE MÈRE ; le fil des heures passées en tête à tête avec ce bébé différent quand on va se consoler dans sa nuque et ses cheveux d'avoir pleuré une fois de trop ; et le fil d'acier du sentiment qu'en tant que parent, aussi, il faudra toujours en faire plus, cinq fois, dix fois plus. Difficile, du coup, de lâcher le contrôle le jour où cela devient pourtant nécessaire.

Tu la souhaitais, la plus grande autonomie de ton enfant ? Bonne nouvelle, elle commence par là. Alors lâche du lest et ne demande pas précisément ce qu'elle a mangé, ou chaque jour si elle a « fait caca », arrête de penser « pourvu qu'elle ne leur pourrisse pas la couche, sinon tout le monde va la prendre en grippe d'emblée ». D'ailleurs, cesse immédiatement tous ces « pourvu que ». Pourvu qu'il n'y ait pas de parents qui prennent peur et veuillent changer leur môme de classe, pourvu qu'elle ne morde pas un camarade dans un de ses excès de câlins-gourmandises, pourvu qu'elle ne passe pas ses journées à tout balancer dans la classe, pourvu que la maîtresse ait envie d'apprendre à la connaître, pourvu, pourvu…

Ce cordon-là, ce maudit cordon fait des nœuds autour de mon ventre et de ma gorge à chaque sonnerie de fin de matinée ou d'après-midi, quand j'attends de pouvoir la récupérer dans sa classe et que je me répète : « Dites que ça s'est bien passé, dites que ça s'est bien passé. »

Le règne dictatorial de mes craintes de maman va durer trois semaines. Jusqu'à une réunion, prévue depuis juillet, pour « faire le point » sur la rentrée de Louise alors que nous n'avions aucune idée des conditions dans lesquelles elle se ferait, cette fameuse rentrée. Tout s'est arrangé mais la réunion a été maintenue et nous devons retrouver l'institutrice, l'AVS et Mme Épouvantail dans l'école pour un premier bilan. Mes cicatrices de juillet, la brûlure de n'être pas passée loin du sentiment de rejet pour ma fille, de celui d'être une bonimenteuse hystérique qui exagère, sont encore toutes fraîches, et les plaies, loin d'être refermées. Je me rends donc au rendez-vous avec une humeur de bouledogue qui s'attend à ce qu'on lui file une correction.

Nous n'avons pas encore beaucoup eu l'occasion de nous retrouver en tête à tête avec l'enseignante. Elle a une classe entière de petite section de maternelle, autrement dit vingt-cinq semi-bébés à peine sortis des bras de leurs parents, et pas question, au nom du chromosome supplémentaire de Louise, de réclamer l'exclusivité de son temps. Je ne sais donc pas trop à quoi m'attendre de sa part, ni comment elle envisage cette année scolaire. Je n'ai toujours pas compris, non plus, s'il y avait un but caché à cette énième réunion ni quel est le sens de la présence de plusieurs représentantes de l'Éducation nationale.

Cinq adultes s'assoient sur des microchaises d'enfant dans une salle de classe lumineuse et colorée, au milieu d'un fatras de doudous, collages et réminiscences de la journée qui vient de s'écouler. Il est l'heure du goûter et nous «faisons le point». La veille, Louise a passé une journée particulièrement mauvaise, à coups de fatigue, de crises de larmes, de refus de marcher. Quoi de plus banal lors du premier mois de scolarité ? Mais je suis devenue parano avec l'institution scolaire. J'attends la mauvaise nouvelle, le constat négatif, la conclusion pessimiste qui viendra clore prématurément le chapitre «Louise va à l'école» et démontrer que les sirènes de l'administration avaient raison : c'était une mauvaise idée.

Tout le monde est un poil mal à l'aise autour de la table, mais la maîtresse, du haut de ses années d'expérience devant un public, se lance :

— Alors ! Louise. Que dire… c'est une rentrée…

Mes mains s'accrochent au rebord de la table. Si ça continue, je vais faire éclater le mobilier scolaire.

— … C'est une rentrée qui s'est très bien passée.

Pardon ?! Je remets mes yeux dans leurs orbites (plop, plop) car la maîtresse continue de parler alors que mon cerveau pessimiste bugge sur «bien passée». Je revois le long-métrage de ces premières semaines en accéléré. Louise a d'abord fait une demi-matinée, puis une matinée, puis on a ajouté la cantine, deux jours plus tard la sieste, et au bout de deux semaines une heure de temps périscolaire après la classe, qui se termine, elle, à 15 h 45. Louise a tout fait progressivement.

Normal.

Nous avons fait plus ample connaissance avec son AVS, discuté chaque matin avec elle pour lui donner un «mode d'emploi de Louise», débriefé chaque demi-journée puis journée, établi le planning des activités de Louise. J'ai ressenti une rage sourde et une furieuse envie de filmer ma fille, en classe où il était évident qu'avoir une AVS pour elle seule plus de six heures par semaine était une nécessité, juste pour envoyer les images à ces personnes dans des bureaux qui, sans l'avoir jamais vue, avaient soutenu que ce n'était « franchement pas nécessaire ».

Moins normal.

J'ai souri intérieurement, d'un sourire au goût amer, lorsque la maîtresse a évoqué devant les parents d'élèves, lors de la réunion de rentrée, les différents points du « programme » de l'année scolaire... Nous, nous avons notre programme et nos propres objectifs pour Louise. Très loin mais tout aussi importants que ceux de ses camarades : pouvoir fixer son attention plus de cinq minutes sans aller se balader, rester assise à table tout le temps d'un repas à la cantine, acquérir la propreté, réussir à s'exprimer avec des signes alors que les mots ne sont toujours pas là...

Les mots ! J'ai carrément éclaté de rire dans ma tête quand la maîtresse a dit : « Ne vous inquiétez pas si votre enfant ne raconte rien de ses journées, ils sont tous comme ça en petite section. » Sûr, on ne risque pas de trop s'inquiéter.

Toujours un peu moins normal.

J'ai été tendue chaque jour, quand j'allais la rechercher et que je me demandais si la journée avait été bonne ou catastrophique.

Un peu normal.

Et voilà que cet après-midi la maîtresse prononce ces deux phrases : « Oui, c'est une rentrée qui se passe bien. Louise est comme un poisson dans l'eau à l'école ! »

Un poisson dans l'eau.

Quelques mots et peu importe les questionnements pas normaux, les commissions, les futurs dossiers à renvoyer dans quelques mois à peine, l'angoisse sur la façon dont parents, élèves, enseignants allaient accueillir ma fille, je choisis : le poisson dans l'eau. Louise, mon Nemo, ce poisson-clown avec une nageoire différente des autres, est heureuse dans le grand bain de l'école et c'était tout ce que je souhaitais entendre.

Je suis fière. Et c'est très, très normal.

## Doré à paillettes : le premier goûter d'anniversaire

Ça a juste fait un petit « vluuut vluuut ». Les grands événements s'annoncent aujourd'hui par une vibration discrète. Le bruit de la notification du SMS innocent qui a réussi son atterrissage sur mon smartphone. Machinalement, ma main droite se tend vers l'accoudoir du canapé, mon cerveau en pilote automatique commande à mon pouce d'appuyer sur « lire », à mes yeux de vérifier l'identité de l'expéditeur, avant d'envoyer de nouveau à mon pouce l'ordre d'appuyer sur supprimer s'il s'agit de la 15e retape pour des « RÉDUCTIONS JAMAIS VUES À NE PAS MANQUER PENDANT 24 HEURES ENCORE PROFITEZ-EN ». Numéro inconnu. Mon cortex allume l'ampoule rouge de la « curiosité » et presse mon doigt d'aller explorer tout cela.

« Anniversaire de T. le samedi 24 novembre, de 16 h 30 à 18 h 30. Merci de nous confirmer ta venue ! » Les mots s'affichent en surimpression colorée sur la photo d'une petite. Je la reconnais, je connais ses parents, bien sûr. Elle est dans la classe de Louise et était avec elle à la crèche l'an dernier.

Je relis une fois-deux-fois-trois-fois le message pendant que ma bouche n'émet qu'un « heuuu… ah ouais, la vache » et qu'à l'intérieur de ma boîte crânienne l'alarme de « l'info inattendue un soir de week-end » vient de réveiller toutes mes personnalités. Et y a du monde, là-dedans. Un peu comme dans le film d'animation *Vice-Versa* : plein de bonshommes qui cohabitent et prennent le pouvoir sur mon cerveau à tour de rôle.

Comme d'habitude, la petite personne qui braille en premier est Aigreur, que je reconnais à sa voix aiguë et éraillée, pas loin du son d'ongles qui crissent sur un tableau. Elle est en forme : chevelure explosée et yeux gonflés, elle donne le meilleur d'elle-même.

— Ah ah ah, c'est la meilleure, cette invitation ! Il doit y avoir une erreur. Les parents l'auront envoyée à tous leurs contacts après le dernier apéro de la crèche, et tu l'as reçue par hasard. Te voilà bien, maintenant ! Qu'est-ce que tu vas répondre ? Ils vont se sentir obligés de faire comme s'ils avaient vraiment l'intention d'inviter Louise !

— Laissez-moi passer, laissez-moi passer, LAISSEZ-MOI !

Fidèle parmi les fidèles, Panique arrive en courant. Elle est encore en chemise de nuit – un vieux machin rose pâle usé par les heures à se retourner dans son lit à imaginer le pire – et piétine ses collègues pour être bien certaine que je vais l'entendre.

— Là, voilà ! Écoute-moi, c'est grave, c'est dramatique, la situation est totalement nouvelle et pas du tout sous contrôle ! Comment on va faire ? Tu as beaucoup trop peur pour laisser Louise toute seule à un anniversaire ! Elle est trop fragile, trop petite, trop bébé. Et puis elle ne mange pas toute seule. Ni ne boit.

Et si elle salit sa couche, et si elle fait une crise et se met à se balancer ? Et si personne ne peut comprendre qu'elle est mal, et si les autres enfants la laissent dans un coin ? Et si, en réalité, la copine n'avait pas du tout envie de l'inviter et montre son malaise à son arrivée ? Et si toi-même tu ne te sens pas bien ? Et si tu craques devant les parents, et si tu pleures, et si… Oh là là là, mais c'est une catastrophe ! Un désastre ! Nous ne sommes absolument pas prêtes ! On n'a rien lu, rien révisé, on ne sait pas où on va, et puis en plus…

Pendant qu'elle débite son couplet au rythme d'une machine à écrire des années 30 maniée par une sténodactylo sous amphétamines, Panique a actionné ses leviers chéris : augmentation du rythme cardiaque, gonflement de la boule dans la gorge, respiration coupée et dents qui viennent mordre la lèvre du bas, du côté droit, là, avec mes sourcils froncés.

Je lis de nouveau l'invitation.

Juste le temps d'ouvrir une porte à Bonheur, l'optimiste de l'équipe, qui se faufile, timide, dans l'entrebâillement de son pas hésitant, avant de s'éclaircir la gorge et de profiter d'une minute de silence – Panique s'est arrêtée de brailler pour boire un verre d'eau, et Aigreur finit de manger son dixième ongle, il en restait un petit morceau.

— Bon… en même temps… ça n'est pas ce que tu voulais, ce genre d'invitation ? On n'avait pas dit que ce serait formidable et inespéré si tout se passait le plus « normalement du monde » ? Eh bien la voici, la norme. Première année de maternelle, première invitation à un anniversaire. Je ne veux pas imposer mon point de vue mais nous pourrions reconsidérer la situation et conclure que nous sommes là devant une PUTAIN DE BONNE NOUVELLE et que – sa voix couvre maintenant le vacarme de tous les engrenages lancés par Panique – nous pourrions nous CALMER UNE SECONDE POUR NOUS EN RÉJOUIR POUR LOUISE ! Donc tu réponds oui, tu ne mouftes pas et tu réponds oui…

— Tu vas être ridicule, c'est une erreur des parents, c'est évident, rabâche Aigreur.

— Dis non, dis non, dis non ! supplie Panique. Ce sera beaucoup plus confortable de rester à la maison que d'affronter ENCORE une situation nouvelle, en étant la seule maman d'enfant handi…

— ON DIT OUI ! hurle Bonheur. Et on s'adaptera sur place.

J'éteins la lumière là-haut, afin qu'elles se taisent toutes. Bonheur aura le dernier mot. Je n'ai pas pleuré des hectolitres il y a trois ans sur le fait que Louise n'aurait ni ami ni vie sociale en raison de son chromosome en trop, pour me laisser gagner par la trouille de l'inconnu maintenant. Je voulais du normal ? Je suis servie, et peu importe le paradoxe de mes sentiments (heureuse mais effrayée, hilare mais pleine de doutes, fière mais mal à l'aise).

Réponse : « Super idée ! Louise sera ravie. Mais comme c'est son premier anniversaire chez une copine, peut-être que ce serait mieux que l'on reste un peu avec elle, surtout si beaucoup de copains sont invités. » Heureux arrangement avec la réalité pour ne pas dire : « Je fais dans ma culotte à l'idée que vous ne sachiez pas trop comment interpréter ses cris ou ses silences, et j'ai du mal à la lâcher, alors je vais rester et veiller au grain. »

Ce n'est pas fini. Qui dit anniversaire dit cadeau. Mais quoi offrir ? J'ai déjà oublié à quoi joue un enfant de trois ans « ordinaire ». Louise s'amuse encore et toujours avec des jeux de « bébé », pour enfant de dix-huit mois à deux ans, je ne sais plus du tout où en sont ses congénères dont l'âge à l'état civil correspond à celui indiqué sur les boîtes de jouets. Et un pincement au cœur, un, en constatant de nouveau que le fossé est là. Mais Rémy choisit une belle poupée, « pour qu'il ne soit pas dit que Louise offre des jouets nuls aux anniversaires ». Je sais, c'est terrible d'accorder de l'importance à ce genre de point mais, croyez-moi, tout en a. Jolie tenue, jolie coiffure, joli cadeau, Louise aussi peut soigner les apparences, quitte à en faire « un peu plus » pour se rassurer.

Quelques heures avant la fête d'anniversaire, je me demande quel rôle Louise va décider de jouer aujourd'hui. Elle n'a pas fait la sieste – pas bon – mais elle a l'air en forme – ça, c'est bien – et puis elle a fait caca une heure avant, donc elle ne salira pas sa couche là-bas – encore mieux – mais elle se frotte les yeux – pas bien… Louise, dis-moi, quel scénario au programme, là-bas, chez ta copine ? Plutôt téléfilm de Noël produit par Disney, où à la fin la petite héroïne tombe en riant dans les bras de ses amis, qui font une ronde en l'applaudissant, car elle s'est surpassée ? Ou bien un documentaire austère, troisième partie de soirée, sur la lente extinction des espèces et la triste agonie de notre planète dont la fin proche ne fait plus aucun doute ?

Comme souvent, ni l'un ni l'autre. Ni M6, ni Arte. Ni paillettes, ni nuage noir.

Louise y est allée, et elle semblait contente de voir les copains.

Comme les autres, elle a joué. Un peu dans son coin, un peu à suivre les amis et à gambader dans l'appartement surchauffé d'excitation enfantine, au milieu des cris stridents.

Évidemment, elle n'a pas chanté « Joyeux anniversaire », ni applaudi quand il fallait applaudir, ni donné elle-même son cadeau, ni mangé de gâteau. Elle n'a pas frappé la piñata – son grand frère l'a fait à sa place.

Évidemment, ça serre un peu le cœur des parents et sur la fin, quand elle s'est isolée et a pleuré parce que tout ça commençait à être trop bruyant pour elle, je me suis demandé pourquoi on était là. Après tout, c'est vrai, qui me dit que Louise se rend compte que c'est un anniversaire, qu'elle y est invitée, que c'est chouette d'avoir des amis ? Est-ce que ce n'est pas pour mon ego de parent qu'on l'a traînée ici ? Est-ce qu'elle s'en souviendra ? J'avais des nuages sombres dans le cœur en la raccompagnant à la maison, avant tout le monde – parce qu'elle n'est pas comme tout le monde.

Puis, quelques jours plus tard, j'ai reçu les photos de la fête envoyées par la maman. Dans quelques années, Louise saura ce qu'est un anniversaire, comprendra ce que ça signifie d'être invitée, et ressentira à quel point c'est chouette, d'avoir des amis. Alors nous pourrons lui montrer ces photos, et lui dire : « Tu vois ? C'était déjà ton cas à trois ans. » Et j'espère bien que, ce jour-là, un sourire naîtra sur son visage, comme un soleil qui chasse les cumulonimbus gris qui mettent de l'ombre au cœur.

## Noir et blanc : et l'avenir, dans tout ça…

Et dire que je voulais juste « lire un peu avant de dormir ». Jeudi soir, 22 h 30, comme trop souvent, un dernier tour sur Facebook, quelques pages d'un bon roman pour s'évader, et au lit. Mais je suis tombée sur cet article de blog spécialisé dans le handicap (note pour plus tard : avoir deux comptes Facebook, un pour la journée avec tous les liens qui concernent la trisomie, et un pour le soir, comportant uniquement des liens « légers » pour ne plus y penser). Titre : « Quand frère et sœur deviennent les tuteurs d'un majeur handicapé ». Je n'ai pas pu m'empêcher de lire. Merci au démon masochiste installé sur mon épaule droite, qui pique mon cerveau de temps à autre quand il n'a pas eu sa ration d'inquiétudes existentielles pour la journée. Les mots de l'article sont entrés en résonance avec ceux rangés au rayon « J'y penserai plus tard » de ma mémoire.

Ding, les paroles malveillantes lues sur les réseaux sociaux : « Quel égoïsme de la part des parents : qui va s'occuper de leur enfant quand ils ne seront plus là ? » Ding, ding ! La question, un soir de confidences : « Mais ce n'est pas le handicap de Louise qui doit vous empêcher d'avoir un autre enfant, tu sais… » Ding, ding, dong ! L'apostrophe maladroite d'une lectrice à un salon où je venais présenter le livre sur les premiers mois de Louise : « Faites-en un autre (d'enfant), ce sera plus facile et ça se passera bien ! » Ding, ding, dong !, résonnent les cloches des questionnements des autres. Bim, bam, boum !, font les coups de poing de la peur de l'avenir.

Est-ce que Paul « s'occupera » de sa sœur ? En aura-t-il envie ? Se sacrifiera-t-il par amour familial ? Ou bien va-t-il se révolter, nous dire merde et partir vivre au bout du monde, parce que c'est son droit ? Est-ce bien juste de notre part de le « laisser » seul enfant non handicapé avec sa sœur ? Va-t-il nous en vouloir de ne pas lui avoir donné un petit frère ou une petite sœur à qui confier ce qui lui pèse dans cette situation ? Avec qui partagera-t-il ses petites joies, ses grands bonheurs ou ses pires peines ? Mais comment imaginer faire un troisième enfant, alors que ce n'était ni prévu ni désiré, juste pour « réparer » la situation et aider le grand frère ? Louise devait être la deuxième, et vu nos âges respectifs et notre mode de vie, la dernière. Elle le restera, et la trisomie 21 ne changera rien à cela.

Les cloches sonnent à toute volée dans mon cerveau qui se fissure, les coups de poing pleuvent sur mon cœur et au creux de mon abdomen, juste là où ça coupe le souffle. Les questions s'abattent et je n'ai aucune réponse à leur donner aujourd'hui. Il est trop tôt, nous sommes trop jeunes, ces interrogations restent du domaine de l'impensable. Je les distingue, formes troubles, à la périphérie de mon champ de vision, je sais qu'elles se feront plus nettes, plus réelles et plus précises au fur et à mesure que nous avancerons mais, pour le moment, il me suffit de tourner la tête pour ne plus les voir. Pour y couper court. Je me lève et je sais que je n'ai que quelques pas à parcourir pour ne pas me laisser glisser sur cette pente folle des questions sans réponses et garder les deux pieds bien ancrés dans le présent.

À gauche, couloir, porte de droite. La pousser doucement, habituer mes oreilles au silence, isoler les sons de deux petites respirations paisibles, et m'en rapprocher. Sur la pointe des pieds, jouer à la dame dans le noir, qui, chaque soir, vient regarder les visages sereins de ses deux enfants qui dorment dans le lit superposé. Regarder leurs traits détendus, leurs longs cils noirs qui se détachent sur le rose pâle de leurs visages, leurs petites bouches entrouvertes, leurs mains serrées respectivement sur un doudou lapin et sur un hippopotame multicolore. Caler ma respiration sur les leurs, et penser que, pour le moment, il n'y a que ce présent-là qui compte, celui des petites mains et des paupières fermées. Le reste, c'est pour plus tard. Bien plus tard.

## Turquoise : le premier mot

Louise n'a que trois ans et demi, même pas quatre mais déjà une habitude de vie bien ancrée : celle de ne jamais, jamais faire les choses au moment où sa maman s'y attend.

Son arrivée dans le monde ? Ne revenons pas sur ses quarante-huit premières heures et la révélation de son chromosome surprise : bien joué, je ne l'avais pas vu venir, celle-là, Louise.

La première dent ? Pile deux jours après mon humiliation devant une pédiatre à qui j'ai demandé, toute honte bue, parce qu'à seize mois, je n'en pouvais plus : « Soyez franche avec moi : ça existe des bébés qui n'ont jamais de dents ? »

Première dent.

Le premier pas ? Réalisé alors que maman était partie pour la première fois une nuit seule, fêter les quarante ans de sa copine à l'autre bout de la France, laissant Miss Louise avec son grand frère et son papa. Il n'allait rien se passer, n'est-ce pas ? Depuis des mois qu'on l'attend, son premier pas.

Premier pas.

Et le premier mot ? Je ne veux plus trop y penser. Depuis tes un an, je crois, Louise, on y croit à chaque « dada », on sursaute à tout « mama », on est presque sûr au premier « ppaa ! ppa ! ». On utilise la langue des signes, beaucoup dans le vide, un peu pour toi, on souligne chaque moment de ta journée d'un geste simplifié que tu comprends mais que tu ne répètes que deux fois sur… oh, je ne compte pas. J'ai rangé l'absence de tes mots dans un coin de ma tête et je me suis promis de ne demander à aucun pédiatre si ça arrive, un enfant qui ne parle jamais. Trop peur de la réponse.

Alors on danse, alors on chante, comme dit ce morceau que tu aimes tant. Nous sommes en week-end, ce beau week-end d'été indien en famille, et on s'amuse toutes les deux, je te balance comme tu l'aimes tant, « ba-teau ! sur-l'eau ! La ri-viè-reuh la rivièreuuuuh… ». Mes fausses notes font fuir les oiseaux, le vent souffle doucement dans les feuilles dorées. Toi, tu éclates de rire. J'ai cru discerner quelque chose d'autre mais mon cerveau m'a soufflé : « N'y prête pas attention, ça n'est pas ça. » Je recommence. Baaaa-teau. Baaa-teau.

Et tu rigoles, mais pas seulement. Tu me regardes et tu répètes. Daaaa-to. Baaaa-do. Baaaa-teau.

Je regarde autour de moi. Qui d'autre a entendu ? Les oiseaux, quelqu'un ? Ça ne peut pas être ça.

Et tu rigoles, et tu répètes. Baaaa-teau.

Bateau. Bateau. Tu ris encore, tu me regardes, tes yeux me disent : « Je t'ai bien eue, de nouveau, n'est-ce pas ? Voilà mon premier mot. Ce n'est pas celui que tu attendais, mais c'est le plus beau, et crois-moi, tu t'en souviendras. Arrête de ramer, maman, et suis le vent. »

Ba-teau.

## Noir et blanc : les fêtes d'école

Plus que quelques jours, et c'est Noël. Plus que quelques heures et c'est la traditionnelle fête de fin d'année organisée par le centre de loisirs, avec les enfants de maternelle qui le fréquentent tous les mercredis. Les animateurs sont en effervescence depuis plusieurs semaines, je sais que les gamins répètent – quelques pas de danse par-ci, quelques chansons par-là, sans nul doute vêtus de tee-shirts décorés, coiffés de bonnets de lutin clignotants et mimant des moulinets avec les bras. Les parents oscillent entre fatigue (« Mais pourquoi foutent-ils ces kermesses à 17 heures alors qu'on travaille tous à une heure de trajet ? Et combien de temps allons-nous devoir encore patienter, le cul sur le sol froid du gymnase, en attendant que les petites sections aient fini de pleurer/se moucher/se donner la main ? ») et fierté à l'avance de voir leur rejeton défiler (« T'as vu comme il était mignon et comme il a bien fait bonjour ? » « Tu crois qu'il nous a reconnus ? » « Je n'aime pas me vanter mais c'était le seul qui chantait vraiment, tu t'en es rendu compte aussi ? »).

Quant à moi, j'appréhende. Trois années de crèche et un ou deux événements festifs ont suffi à me démontrer qu'avec un enfant « pas dans les cases », la chorale ou la kermesse peuvent virer à la catastrophe, et ce d'autant plus que tu as investi ces événements d'un espoir un peu illusoire que ton gosse « soit comme les autres ». Je sais maintenant qu'il y a deux chances sur trois pour que Louise soit un peu trop fatiguée, décide finalement que s'asseoir par terre dos à l'audience est la meilleure chose à faire, ou craque parce que la musique est trop forte, la situation impressionnante, le gymnase trop bruyant, l'heure trop tardive. Je ne me souviens que trop bien de la fête de fin de crèche, il y a quelques mois, que j'attendais avec d'autant plus d'impatience que chaque jour Véronique, la référente de Louise, me rapportait combien les enfants avaient bien dansé à la répétition et de quelle façon Louise aussi allait participer au spectacle, à sa manière, sans mots mais en agitant les mains, ou debout main dans la main avec les autres danseurs. J'étais fière par anticipation. Ce serait le couronnement de trois années presque ordinaires, la récompense pour tous les adultes qui avaient accompagné Louise sur son chemin, la consécration de sa place dans le groupe – différente mais pareille.

Patatras.

Le jour de la fête, nous sommes arrivés en famille à la crèche, parfaitement à l'heure, Louise parfaitement habillée de blanc comme c'était demandé, ses parents et son frère parfaitement munis de gâteaux et sucreries pour participer au buffet de la fête. Louise, surexcitée, a gambadé dans le parcours de motricité mis en place pour l'occasion, en attendant que le public arrive et que les petits chanteurs soient prêts. Les accompagnantes de la crèche étaient, elles aussi, maquillées et habillées comme il se doit, bref tout était en place pour le point d'orgue de ces trois premières années «plus inclusives, tu meurs, t'as vu comme on y est arrivé alors que j'avais peur que ça ne se passe mal, alors tu penses, l'école, ça va glisser comme sur un toboggan, on y va quand tu veux».

J'ai commencé à sentir quelques gouttes de sueur dans mon dos quand Louise s'est assise par terre en se frottant la tête, avec ce geste caractéristique qu'elle a quand il est temps de prendre un moment de calme, et que la foule, elle n'en peut plus.

Je me suis épongé le front à ses premiers hoquets de pleurs, alors que personne n'était encore venu la chercher pour la placer sur la scène improvisée, et que les premiers parents s'installaient sur les microchaises alignées dans la salle de crèche.

J'ai vainement tenté la respiration abdominale quand elle a commencé à hurler et à se raidir, même dans mes bras et malgré mes tentatives désespérées de «gros câlin», alors que les autres gamins se rassemblaient sous les consignes des puéricultrices.

J'ai carrément retenu mon envie de pleurer quand j'ai compris que c'était foutu, que Louise était trop fatiguée, que pile ce jour-là elle n'avait pas fait la sieste et que ses nerfs craquaient, qu'elle continuait à hurler dans mes bras alors que la première chanson avait commencé et qu'il m'est apparu que sa place (marquée d'une croix et de son nom au sol) resterait vide. Égoïstement, je n'ai pensé qu'à une chose: foutue trisomie de merde, nous n'aurons donc jamais de spectacle de fin de crèche, c'est fini, foutu, basta, pas pour toi! Je n'ai pas réussi à penser que d'autres enfants pas plus trisomiques l'un que l'autre, simplement parce que le contexte les tétanisait, avaient craqué aussi et ne seraient pas non plus sur les belles photos de fin d'année. Non. Je me suis retenue jusqu'à la maison, pour Louise et pour Paul. Je me suis enfermée dans la chambre et j'ai pleuré tout mon saoul sur « cette saleté de trisomie et tout ce que nous rations à cause d'elle ».

C'était il y a six mois, et cet après-midi, dans le gymnase de l'école maternelle, je n'en mène pas plus large. Boule dans la gorge et tout le tralala. Pendant que les moyennes sections ouvrent le bal, je récite mentalement le mantra : « Allez, Louise, s'il te plaît, allez, Louise, fais comme les autres… » Applaudissements. Noir. Nouvelle musique à fond dans les haut-parleurs, boule à facettes, faites entrer les petits. Je cligne des yeux pour distinguer la mienne parmi cette quarantaine de petits lutins à tee-shirt rouge. Pas de Louise. Je cherche mieux. C'est facile, elle est reconnaissable, quand même, et je ne suis pas assise très loin… Pas de Louise. Je réussis à capter le regard de Nadia, la responsable du centre de loisirs, qui officie en tant que DJ derrière sa platine. Elle me fait le signe de loin : dodo. Louise s'est endormie dans les coulisses.

Ouvrez les vannes. J'essaie de m'empêcher de pleurer, pas devant les animateurs, pas devant les autres parents, pitié non, je suis « la maman de Louise », je dois assurer et montrer que ce genre de détail importe peu. Mais je n'ai pas pu voir ma fille danser pour son premier spectacle de maternelle. Après une journée de merde à l'accompagner pour un énième rendez-vous médical traumatisant dans un hôpital du coin. Et c'est trop pour moi, la vague monte, me submerge et tout craque. Adieu l'ego, la fierté et les apparences. Je fonds en larmes. Merci pour la kermesse, fichue trisomie.

## Indigo : il est où, le papa ?

Les coups de fil des médecins. Les messages sur les forums Internet. Les mails des professionnels de rééducation. Et même les regards d'admiration : à Handicap-Land, on pourrait croire que tout commence, finit, continue et rebondit par et pour une seule personne : la mère. La mère courage, la mère tendresse, la mère référente, la mère taxi, la mère assistante sociale, la mère secrétaire. Et les papas, dans tout ça ? Ne croyez pas ce qu'on dit. Ils ne partent pas tous. Ils sont là, on les voit moins. Pas assez. Et parfois, tout cela, cette focalisation sur les mamans, ça les énerve, les pères. Comme ça a agacé Rémy, un soir de trop, où il a écrit ce texte, intitulé : « Il est où, le papa ? »

« Il est là, le papa. À lutter au boulot parce que le handicap d'un enfant handicape aussi les parents. Dont le papa. Moins de promotions que ses collègues, parce que tu comprends, "on te sent moins impliqué", parce que tu arrives plus souvent que les autres avec les yeux cernés. Et ce n'est même pas que tu sois moins performant, tu es juste obsédé par la mission de tout faire entrer dans ton agenda. Alors, tu fais moins de déjeuners/dîners/afterwork avec tes collègues. Bref, tu es moins là pour les moments accessoires. Alors tu as droit à “Tu as pris ton après-midi ?” quand tu pars à 17 heures pour emmener ta gosse chez la kiné. Aux soupirs agacés parce que tu dois aller à l’hosto.

Les papas écrivent moins et s’expriment moins. C’est vrai. Mais les papas aussi ont des sentiments. Des frustrations, des tristesses pénétrantes et des colères silencieuses. Les papas aussi sont bouleversés à l’annonce du handicap.

Les papas paniquent aussi avant la réunion de rentrée à l’idée d’entendre parler de ce que leur enfant ne fera probablement pas. Le papa, il se la prend aussi dans la tête, la porte de la normalité fermée à double tour par les administrations.

Le papa de Louise, il en fait, des pas hors de sa zone de confort. Les godasses usées parce qu’il semble que, dans le regard de l’Autre, il n’en fait jamais assez ou n’est jamais assez bien pour sa gosse handicapée.

Le papa, il est là, dans la poussière. Sur le champ de ruines, à ramasser les briques en silence. À faire ce qu’il peut pour construire son couple. Sa carrière. L’éducation des enfants. Dompter le handicap. Le papa, il enrage quand il s’aperçoit que ce n’est jamais lui qu’on appelle en premier pour un problème avec les mômes. Et quoi qu’il y fasse, rien ne change.

Le papa patauge pour essayer de satisfaire tout le monde. Le papa se prend des rafales d’injonctions contradictoires.

Le papa d’un enfant handicapé, s’il ne s’est pas enfui, mange un peu du quotidien de ce que des millions de femmes lambda avalent dès lors qu’elles ont un enfant.

Alors :

Il est où le papa ? »

## Noir et blanc : le petit bricolage de Noël

La maîtresse me l'a dit hier matin. Elle était gênée, s'est presque excusée. Pas de bricolage-collage-coloriage pataud de Louise pour décorer le sapin. Elles ont essayé, mais c'était trop compliqué pour elle, entre ses petites mains encore si peu coordonnées, sa patience pas du tout développée et son attention absolument pas fixée.

Cette année, donc, nous n'aurons pas de « petit bricolage de Noël ». Et ça n'est pas grave. Je lui ai dit, à la maîtresse, d'ailleurs. « Ça ne fait rien. » Je le pense. On ne met pas son enfant à l'école pour se voir rapporter des petits bricolages de Noël, n'est-ce pas ? D'autant qu'une fois passé le ravissement de la première « main trempée dans de la peinture de couleur et décorée de son prénom », on ne sait plus quoi en faire, on laisse prendre la poussière, on empile dans des caisses en carton au grenier, attendant d'être découvertes par… qui sait, l'enfant pour ses dix-huit ans, par ses copains pour la vidéo *rigolote* des vingt ans accompagnée de la photo de lui sur le pot, ou bien nos petits-enfants qui moqueront la maladresse artistique de leur papa/maman en maternelle.

Cette année, nous n'aurons pas de « petit bricolage de Noël », et ça n'est pas grave, parce que l'essentiel est que Louise, avec ou malgré son handicap, se soit fait sa place au sein de l'école maternelle durant ce premier trimestre si symbolique. Je le sais et je me le répète. Pourtant, sur le chemin de retour de l'école, après cette annonce, c'est étrange, j'ai comme des flocons de neige qui me piquent les yeux alors qu'il n'a pas neigé depuis plus d'un an, ou bien est-ce déjà le retour des allergies au pollen, si tôt avant le printemps ? Foutu réchauffement climatique qui fait larmoyer les mamans alors que ce n'est pas du tout le moment.

Cette année, nous n'aurons pas de « petit bricolage de Noël », parce que pour Louise c'est trop compliqué. Quelques jours plus tôt, nous n'avons pas eu de chorégraphie de Noël et je prévois qu'à Pâques nous n'aurons pas davantage d'œuf décoré, car Louise aura sans nul doute préféré jeter le pinceau ou peinturlurer le visage de ses camarades ou de son AVS plutôt que suivre la consigne.

Cette année, nous n'aurons pas de petit bricolage de Noël et c'est le jeu, quand on a un enfant différent. Cette année, Louise ne bouclera pas le programme mais nous avons déjà eu trois mois pleins pour voir notre « bébé » prendre son envol, s'assurer dans la marche pour suivre ses camarades. Cette année, nous l'avons menée chaque matin à l'école, la tenant de moins en moins par la main jusqu'à marcher quelques pas derrière, observant chaque fois son immense joie d'arriver dans les longs couloirs qu'elle connaît maintenant par cœur. Cette année, nous entendons chaque jour sur notre passage « Oh, c'est Louise ! Coucou, Louise ! À demain, Louise ! » de la part de gamins dont nous ne retenons pas les visages, mais qui, eux, la connaissent visiblement très bien. Cette année, Louise nous démontre que même si elle est quinze ou vingt pas derrière le peloton, elle a envie de le suivre et d'avancer. Et elle avance.

Cette année, nous n'aurons pas de « petit bricolage de Noël », mais nous avons une fille qui, sa trisomie 21 dans son cartable, fait des journées « normales » en petite section de maternelle, va au centre de loisirs le mercredi après-midi et un soir sur deux ne montre aucune envie particulière de rentrer à la maison quand maman ou papa viennent la chercher, parce qu'elle est en train de danser, faire des percussions ou chercher à jouer à chat avec une copine de « chez les moyens » ou de « chez les grands ». Cette année, à Noël, nous aurons une enfant porteuse de handicap qui va à l'école ordinaire et qui en a l'air tout à fait heureuse.

« Le petit bricolage de Noël », Louise le construit toute l'année. C'est son joli collage à elle, moins droit que celui de ses camarades, rapiécé, avec des couleurs en plus par-ci, d'autres en moins par-là. Mais *son* bricolage, que nous, ses parents, aidons à scotcher, fixer, renforcer.

Cette année, à Noël, nous n'aurons pas le même cadeau que les autres parents de l'école. Et ça sera toujours comme ça.

Mais, décidément, ça n'est pas grave.

## Argenté : les « super trisos » et la mienne

21 mars. Pour vous, c'est synonyme de premier jour de printemps. Pour ma famille, depuis quatre ans, c'est aussi la journée mondiale de la trisomie 21. Une date qui est l'occasion de quelques sujets dans la presse et documentaires télévisés. C'est émouvant de voir, même pour quelques heures seulement, des personnes « comme Louise » mises en avant dans les médias. Mais chaque fois, dans les groupes de discussions et les réseaux sociaux, il se trouve quelqu'un pour dire sa lassitude de ne voir, dans ce type de reportage, que des « super trisos » et autres autistes exceptionnels. Des individus dont la vie ne représente pas assez la réalité du handicap intellectuel, des trajectoires exceptionnelles qui envoient de la poudre aux yeux, en quelque sorte. La « tête de gondole » de la déficience intellectuelle…

Ce n'est pas la première fois que je lis ce genre de remarque, et je peux comprendre. Je comprends d'un côté les journalistes, pour qui c'est plus simple de faire passer un message en mettant en avant des personnes handicapées qui s'expriment aisément à l'oral, ou de « raconter de belles histoires inspirantes » à partir de destins hors du commun de handicapés qui « triomphent de l'adversité ». On aime tous ça : ça réchauffe le cœur. Je comprends aussi cette personne, qui ressent sûrement au plus profond d'elle-même une injustice si son enfant ne fait partie d'aucun de ceux-là, et qu'elle pense qu'en conséquence aucun documentaire ne sera fait sur lui, que personne n'en parlera et qu'il restera dans son coin, sans aide, à l'ombre des « super trisos » et autres « autistes de haut niveau ».

Louise ne semble pas une « super triso » et même si, comme pour tout enfant, on préfère garder l'espoir d'un destin exceptionnel, je suis consciente qu'elle ne sera pas forcément une prodige (quoique… ses pas de danse et son sens du rythme ont de quoi inquiéter un possible enfant naturel de Michael Jackson et Madonna qui aurait comme marraine Beyoncé… mais Louise aura le temps de nous le démontrer).

Je vois bien que, par rapport à d'autres, elle ne montre pas de précocité folle dans un domaine particulier. Car oui, dans le monde merveilleux de Handicap-Land, les parents sont comme les autres : ils comparent. Ils ne peuvent pas s'en empêcher, c'est dans les grandes lignes du contrat de parents. Et comme on est particulièrement gâtés à Trisoville, vingt et unième sous-préfecture de Handicap-Land, non seulement on compare avec les enfants « ordinaires », mais aussi entre compatriotes du royaume du 47e chromosome ! Et là, par moments, ça fait grincer des dents.

Louise n'est peut-être pas une super triso. Elle ne fait que deux vagues signes et a concédé un premier mot à trois ans et demi, alors que le petit Machin, de Marseille, illustre des comptines entières en Makaton (si, si, je l'ai vu sur Instagram).

Louise ne mange pas encore toute seule, alors que je peux me repasser en boucle la vidéo de la petite Machinette, américaine et trisomique de deux ans, qui grignote toute seule des chips à la main.

Louise ne veut pas faire de jeu de construction et préfère jeter, encore et encore, ou appuyer sur les boutons d'un robot musical, uniquement avec l'aide de papa ou maman, alors que Trucmuche, en Espagne, déchiffre déjà plusieurs mots à l'âge de six ans.

Louise n'a pas tenté un seul pas avant ses trois ans, alors que je voyais défiler sur Facebook des tas de photos de mini-super trisos, tous en train de galoper à deux ans ou moins. Ou de rouler du dos vers le ventre et vice versa à six mois, alors que, quand je mettais ma Poussinette sur le ventre « pour la stimuler » comme indiqué dans tous les modes d'emploi du bon parent de super triso, sa réaction était automatique : elle s'endormait.

Louise ne semble, sur aucun point particulier, en avance sur les autres enfants trisomiques de son âge. Au mieux est-elle dans la moyenne. À Trisoville, la comparaison, quand elle n'est pas à l'avantage de votre rejeton chéri, a le même effet que sur tous les autres continents de toutes les planètes « ordinaires » : elle pince le cœur.

Donc, je comprends le ras-le-bol de cette personne agacée par les « super trisos ». Mais je comprends aussi qu'on n'a, à l'échelle de notre histoire, pas parcouru deux centimètres sur un chemin de dix kilomètres : celui de l'inclusion des personnes avec handicap. Et qu'il faut commencer par mettre un pied devant l'autre, même si ce pied doit être celui des super trisos et autres autistes à haut potentiel. Parce que au moins ça a le mérite d'avancer. Il y a trente ans, on était encore quinze mètres avant la ligne de départ, les handicapés cachés au chaud pour nous épargner la gêne d'avoir à trop les regarder. Maintenant, tenez-vous bien, ils ont le culot de passer à la télé et on leur propose en plus de parler pour eux-mêmes. Alors qu'importe si, pour commencer, on ne tend le micro « qu' » à ceux qui sont « un peu moins » différents : je veux croire qu'ils courent en éclaireurs le marathon de l'inclusion, et qu'ils passeront vite le bâton-relais à ceux dont les superpouvoirs sont moins visibles sur petit écran.

## Noir et blanc : lettre à EN

Bonjour, chère EN,

Enfin, chère… Permets-moi juste de commencer par « Bonjour, EN ». Cela fait un paquet de mois que je pense à t'écrire cette lettre. Je te vois t'inquiéter, froncer les sourcils, te gratter le cuir chevelu : est-ce une missive de rupture ? Nous nous sommes tant aimées, ce serait difficile à croire, n'est-ce pas ?

Nous deux, cela remonte à loin, et je te dois beaucoup.

C'est toi qui, dès notre première rencontre, m'as donné confiance, toi qui m'as flattée, toi qui as souligné mes qualités, toi qui as su faire durer notre relation au-delà de la lune de miel des trois ans. J'étais souvent la première pour toi ; tu me le disais, tu m'applaudissais. Je te correspondais parfaitement, nous étions faites l'une pour l'autre. Moi, je m'épanouissais avec toi. J'aimais ce que tu me renvoyais de moi, je faisais tout ce qu'il fallait pour te plaire et que tu me gardes le plus longtemps possible.

Voilà pourquoi notre relation quotidienne a duré plus de quinze ans. Nombreux sont ceux que tu avais rejetés, tu es dure en amour : je l'ai toujours su, mais j'observais de loin. Tu sais comme on est : on préfère ne pas voir certains défauts chez l'autre, tant que ça marche bien ensemble, et que ça ne nous dérange pas personnellement. Oh je les ai vus, ces autres, que tu as déglingués, repoussés, déçus. Mais j'ai continué à croire en toi. Longtemps. Même quand nous avons cessé de nous voir tous les jours, parce que la vie m'avait menée vers d'autres horizons. Tu m'avais donné ta bénédiction.

Ai-je été naïve de croire qu'une relation si harmonieuse pouvait continuer alors que j'avais des enfants ? Le premier, ça a été. Tu l'as pris dans tes bras comme tu l'avais fait pour moi. Il faut dire qu'il colle bien à tes attentes, lui aussi. Il est comme tu les aimes, alors tu l'as chouchouté.

Mais la deuxième… quand je t'ai dit, pour la deuxième, la tête que tu as faite ! Si tu acceptais de l'accueillir ? « Oui, bien sûr, comme son frère », m'as-tu répondu. Que pouvais-tu faire d'autre ? Tu t'es toujours vantée d'accepter chacun comme il était, d'aimer l'égalité, d'être aveugle aux différences. Tu as souri avec la bouche, pas avec les yeux, comme les gens qui mentent mais veulent sauver la face. Je te connais : tu t'es sûrement dit que c'était une tocade, que je me rendrais bien compte de moi-même qu'autant mon premier, ça allait, mais ma deuxième… Soyons sérieux, tu n'aurais pas réellement les capacités de l'accueillir comme les autres. J'allais voir les choses en face, reconnaître que ma fille n'aurait jamais avec toi la relation que j'avais eue et me retirer sur ce constat : c'est triste mais c'est comme cela. Elle sera mieux chez une autre. C'est pour son bien.

Sauf que je me suis entêtée. Tu vois, j'ai trop longtemps cru en toi et en tes qualités. Ça met du temps à se fissurer, une foi pareille. Mes parents m'ont élevée ainsi, que veux-tu : te faire confiance, s'en remettre à toi pour devenir quelqu'un de bien, trouver sa place dans la société, être récompensé de son mérite, de son travail, de sa bonne volonté. On m'a toujours raconté que tu étais la meilleure pour ça, que c'est même « ta raison d'être ».

J'ai découvert une nouvelle facette de toi.

Tu m'as déçue. Tu m'as blessée. Je suis tombée de haut. En ouvrant ta porte à ma fille tout en gardant ton pied dans l'entrebâillement tu m'as fait sentir un rejet violent, puissant. Injuste. Tu ne voulais pas vraiment d'elle ? Alors tu ne voulais pas vraiment de moi.

Ce matin, je t'ai entendue t'extasier sur une autre, la complimenter, la parer du plus beau qualificatif qui soit pour toi. « C'est une petite fille qui lit énormément, c'est formidable, elle est très scolaire », commentais-tu. Va savoir pourquoi, l'espace d'une demi-seconde, j'ai eu envie d'être propulsée dans un univers parallèle, cette vie où ma fille ne serait pas née avec un chromosome en plus qui l'empêche d'être « scolaire » comme tu le souhaiterais. Je me suis mise dans la peau de cette maman qui recevait ces mots de ta part, et j'ai été flattée. Heureuse. Fière.

Puis je me suis souvenue. Maintenant ce n'est plus moi, cette femme-là. Aujourd'hui, j'ai une enfant non scolaire, et pour toi, Éducation nationale, c'est une terre inconnue, ces enfants-là.

Alors oui, c'est une blessure d'ego et non, ce n'est pas de moi qu'il s'agit là, Éducation nationale. C'est de ma fille. Et l'important est qu'elle puisse profiter de tes dons – car tu en as, et ceux-là, j'y crois toujours – le pouvoir de la communauté, l'émulation, mais aussi les pépites individuelles que tu caches en ton sein.

Je pourrais couper les ponts. J'y ai pensé et on me l'a largement susurré. Les autres parlent dans ton dos, tu sais. « EN n'est pas la seule. Il y en a des très bien qui vous en feront moins baver : allez donc voir Montessori, elle est sympa et ouverte, ou alors Freinet, ou les privées sous contrat (je te vois crisper la mâchoire, tu ne les aimes pas, celles-là, n'est-ce pas ?). » Je n'ai pas envie pour le moment. Comme je viens de te le dire, je veux encore croire en toi, en tout ce que tu représentes. Ce serait un échec de te laisser tomber (un échec, oui, mais de qui ? Je te laisse y songer). Aide-moi à ne pas te fuir. C'est ce que je te demande avec cette lettre. Ne me déçois plus, ne me claque plus de porte au nez si fort que mes tympans en sifflent encore des mois après. Soutiens-moi pour pulvériser mes doutes, dissoudre l'amertume que je ressens dorénavant quand je pense à toi, pour dire merde à la fatalité qui semble se profiler pour « nous deux ».

Fais-moi un signe, montre-moi que cela peut repartir sur de bonnes bases et continuer sans que j'aie l'impression de devoir toujours te démontrer que ça vaut le coup.

Aide-moi à croire de nouveau en toi.

S'il te plaît.

## (Cœur) Grenadine : les grands accélérateurs de joie

Quand j'étais gamine, il y avait dans mon lycée, dans la classe de physique-chimie, une affiche qui m'intriguait et dont les mots me sont restés : elle évoquait un « grand accélérateur de particules ». Je ne sais toujours pas à quoi sert un grand accélérateur de particules, mais, c'est marrant, cette expression revient parfois me tinter dans le cerveau.

Le parcours de Louise, avec son handicap, est un grand accélérateur d'émotions, comme des montagnes russes. Avec la préparation de son entrée en petite section de maternelle, nous avons pris un ticket pour Space Mountain : une nouvelle version opérée en partenariat entre les personnages Disney et les ingénieurs de la Nasa. Ça démarre, ça monte doucement, et paf ! un virage serré, et vroum ! on regagne espoir, mais bam ! la machine repart en piqué et sur le dos à Mach 2.

Dans cette attraction, quand je crois que le manège est au plus bas et qu'il va bientôt quitter les rails pour se crasher, il se trouve TOUJOURS, à ma grande surprise de Mère Panique, des personnes pour remettre les gaz et propulser de nouveau l'engin vers le haut, à grande vitesse. Ce sont les grands accélérateurs de joie. Toujours des personnes qui décident, à leur niveau individuel, de casser le « ça va être compliqué », « on a un peu peur que ce ne soit dur pour elle », « mais comment faire si elle ne marche pas ou peu ? » et se contentent de dire : « OK ! Eh bien, si le moteur a des ratés, on va le pousser, ce manège, elle a l'air de bien aimer ça, la petite. Il manque des rails ? Ben, peu importe si le ministère ne veut pas lui en poser, on va lui mettre nos rails maison, pour qu'elle puisse continuer son tour de manège, votre fille ! »

Ces grands accélérateurs de joie, ce sont les filles de la crèche qui donnent à manger à Louise alors que ses camarades se débrouillent seuls, tiennent sa main autour du pinceau car elle ne sait pas encore peindre, se réjouissent de la mener vers les marches du toboggan pour qu'elle le descende seule, disent avec fierté qu'on prépare le spectacle de fin d'année « avec Louise qui danse ».

C'est aussi Nadia, qui l'a invitée à passer des temps d'adaptation avec les autres enfants deux mois avant la rentrée. Ce sont des personnes qui mettent des coups de ciseaux dans les élastiques qui me retiennent les épaules coincées très haut par l'inquiétude quand je reçois des courriers impersonnels et froids des administrations. Ce sont des personnes que j'ai envie d'embrasser fort alors que ma pudeur me retient. Le handicap de Louise, c'est un grand accélérateur d'émotions qui révèle les « bonnes » personnes. Et si, à quarante ans, je ne sais toujours pas ce qu'est un grand accélérateur en matière de physique nucléaire, je constate que c'est beaucoup de magie que de le voir à l'œuvre dans la vie.

## Noir et blanc : les pétages de plomb

Elle a jeté l'assiette, et j'ai pété un câble.

J'avais préparé les morceaux de pastèque, les avais coupés menus-menus pour ne pas qu'elle les refuse, et de la pastèque, parce que ça fond. Ça fait des mois que l'orthophoniste nous le conseille.

« Louise refuse de manger des morceaux et n'avale que des plats mixés pour bébé ? Essayez de commencer chaque repas par de tout petits morceaux, un peu fondants, à la cuillère, ça va l'habituer peu à peu. Ça viendra… »

Mais ça ne vient pas. Elle a trois ans et demi, je coupe les morceaux petits-petits, fondants-fondants, et elle les recrache. Ou pire, elle balance l'assiette vers moi, l'assiette se brise en deux, les morceaux de pastèque s'étalent sur le parquet du salon, et moi je ne pense qu'une chose : encore raté.

Et ce qui ne vient pas non plus, c'est la patience. On ne dit pas assez qu'être parent d'enfant handicapé ne rend pas plus volontaire, plus patient ou moins fatigué. Le handicap ne fait pas de vous un parent modèle, d'un coup de baguette magique. Cette patience, je ne l'ai pas alors qu'il en faudrait des tonnes, en réserve en sous-sol. Mais mon gisement est à sec. Louise est à l'école depuis quatre mois, je lui ai coupé des petits morceaux, elle a jeté l'assiette vers moi et tout a explosé par terre. Comme une provocation qui signifierait : « Tu vois, maman, tu veux que j'aille plus vite que la musique, tu veux m'imposer ton rythme, tu es fatiguée, hein, de changer encore des couches et de donner la becquée depuis quatre ans, chaque jour ? Tu aimerais bien que je grandisse un peu plus vite, n'est-ce pas ? Ben tiens. Si tu veux un rappel, le voilà : mon assiette envolée vers toi. Non, je ne mangerai pas de morceaux, oui, tu peux aller pleurer dans ton coin sur "tes efforts qui ne servent à rien", "tout ce que tu fais bien comme il est écrit dans les livres", c'est moi qui décide du rythme, maman. Prends ça dans la face et colle-le bien dans ton cerveau. »

Non, Louise ne mange pas de morceaux, non, elle ne tient pas sa cuillère seule, non, elle ne veut toujours pas boire au verre, ni au biberon ni à la paille d'ailleurs, et non je ne sais pas pourquoi. Ce que je sais, en revanche, c'est que j'en ai assez de répondre au restaurant avec un sourire mi-poli, mi-gêné : « Non, merci, pas de menu enfant pour la petite, elle a déjà mangé. » Pire : parfois je préfère éviter de manger dehors pour ne pas avoir à expliquer de nouveau pourquoi je refuse à ma fille un plat de frites et nuggets, avec boule fraise en dessert. Parce que si tu lui poses l'assiette, cher monsieur le serveur, elle va me la balancer à la tronche et je vais péter un câble. Et tu ramasseras les morceaux par terre, comme je le fais en ce moment avec les bris d'assiette et les morceaux de pastèque collante, en pleurant des larmes d'épuisement et de honte, parce que j'en veux à Louise. C'est déjà terrible d'en vouloir à son enfant quand c'est un enfant « normal », mais un enfant handicapé ? Ouh, le tabou ! Ça n'est pas joli-joli, n'est-ce pas ? De reconnaître que dans son cœur, à côté de l'amour inconditionnel, il existe des réserves de ras-le-bol, des soupçons de « Elle fait ça juste pour me rendre dingue », des pelletées de « POURQUOI les autres le font et pas elle ? », des tonnes de « handicap de merde ! ». Ça colle moyennement avec l'image de la « maman d'enfant handicapé ».

Je lis souvent que les personnes trisomiques, a fortiori les enfants, sont des soleils, des boules de bonheur, des sourires sur patte : que de la joie, en somme. Un enfant triso, et vous voilà propulsé au pays du Bonheur. C'est vrai qu'il y a un côté « facile » à ce handicap, car les liens avec l'enfant ne sont pas compliqués, et qu'en général l'humain, le câlin, c'est leur dada. En général. Mais je n'aime pas trop ce discours. Quand je l'entends, j'ai l'impression qu'on me passe la face A d'un tube des années 80, le hit des Bisounours par exemple. Vous vous souvenez des 45 tours ? (Parenthèse pour les plus jeunes : il fut un temps pas si lointain où l'on n'écoutait pas de la musique sur téléphone ou sur ordinateur, ni même en ligne. Pour danser, on devait placer une grosse galette de plastique noir sur un tourne-disque, poser un bras muni d'une fine aiguille dessus, et, magie, notre chanson préférée sortait enfin du haut-parleur. Tous les disques avaient deux faces : sur la face A figurait le tube, le morceau pour lequel on avait dépensé nos précieux francs – ah oui, parce que vous allez rire mais nous ne payions pas en euros, mais en francs – quand la face B se retrouvait dépositaire d'un morceau moins connu, moins désiré, et avouons-le franchement, moins bon. D'ailleurs, qui donc écoutait la face B ?)

La vie avec la trisomie 21 a aussi ses deux faces. A : le tube officiel. Déposez-le sur la platine, et vous pouvez vous trémousser à loisir sur le refrain des Bisounours : les sourires, les câlins, les danses, la sensibilité, bref, le bonheur. La face A est marketée, c'est pour elle qu'on dessine une magnifique pochette de disque, c'est son titre qui figure en grosses lettres flashy, ce sont ses paroles que tout le monde connaît.

La face B est réservée au fan-club officiel, aux purs et durs, à ceux qui savent et ne peuvent pas se contenter d'écouter le tube. À eux, on diffuse les deux morceaux en alternance, la face A et cette fameuse face B que les autres ignorent. La face des assiettes jetées, donc, mais aussi des autres objets propulsés violemment pendant des mois et des mois et des mois (parce que « c'est un stade du développement et que tout dure plus longtemps »). De l'enfant porté dans les bras jusqu'à douze, treize, quatorze kilos, même si ça fait mal au dos, parce qu'à deux ou trois ans il ne marche pas encore, même si « ça viendra ». Et les chœurs qui lancent « c'est comme ça », la batterie qui scande « soyez patients », le refrain qui s'impose « tout arrivera ».

La chanson de la face B, c'est celle qui résonne dans nos têtes de parents quand, lors d'une sortie familiale à la piscine, nous sommes obligés de quitter le bassin précipitamment parce que notre fille ne veut pas cesser de hurler. Elle ne pleure pas, elle ne rit pas, elle ne souffre pas, simplement elle hurle, elle me vrille les tympans, je suis gagnée par la peur qu'elle ne gêne tout le monde alors que je sens des regards se diriger vers nous. Elle hurle, mais je ne sais pas pourquoi, là encore, c'est comme ça, là encore, il faut être patient, sûrement un stade du développement, ça va durer deux jours et puis « ça passera », je sais, mais j'ai envie de prendre mes jambes à mon cou. Et quand cette dame passe à côté de ma fille hurlante et glisse : « Ah c'est l'excitation de l'eau, tout ça, elle est énervée, la cocotte », je me retiens de ne pas lui japper au visage : « Ben non, c'est parce qu'elle est trisomique, de toute évidence, et qu'on ne sait pas plus que toi pourquoi. »

Non, faut se retenir, parce qu'elle montre de l'empathie, cette dame, au moment où moi je vais exploser parce qu'on a mis le morceau de la face B trop fort.

Comme hier, quand pour la troisième fois en dix jours je suis allée à « la pêche aux crottes » dans la baignoire et que je fulminais en comptant mentalement combien de couches changées, combien de crottes ramassées depuis plus de quatre ans et la propreté qui ne vient toujours pas. (Refrain « c'est comme ça », refrain « soyez patients », refrain « tout est plus long »). Je voudrais prendre le disque et le casser en deux, puis trois puis quatre puis dix morceaux, et l'achever en le foutant au feu. Qu'on n'en parle plus, des Bisounours.

## Blanc cassé : une blouse de trop

Énième rendez-vous. Énième salle d'attente pour Louise, une consultation de contrôle dans un hôpital parisien. Depuis sa naissance, des médecins, on en a vu, elle et nous, nous avons appris à faire du tri et imprimer cette devise dans notre tête : tout ce qui porte une blouse blanche (ou rose ou jaune ou verte) et ne te regarde pas dans les yeux en te parlant n'est pas automatiquement intelligent du cœur. On a appris à les connaître et les reconnaître, les mécaniciens du corps humain, les sans-âme, ou ceux qui l'ont cachée derrière des années de pratique, ceux qui ne disent pas bonjour, ceux qui soignent des enfants comme ils soigneraient des furets – sans leur parler, sans leur expliquer –, ceux qui n'ont pas compris ce qu'en quelques mois de parentalité j'ai saisi : quand tu fais de la pédiatrie, tu soignes aussi un peu les parents, que tu le veuilles ou non.

Bref, on choisit de qui on s'entoure pour suivre Louise.

Alors celle-là, je ne l'ai pas vu venir. On vient pour vérifier que les yeux de Louise vont bien, que ma fille n'a toujours pas besoin de lunettes. Coup de téléphone au secrétariat il y a quatre mois, pas de bol, la si gentille ophtalmo que l'on a consultée jusqu'à maintenant cesse progressivement d'exercer, « mais sa consœur le docteur Jeune-et-Nouvelle est très bien », me conseille la secrétaire. Allons-y pour docteur Jeune-et-Nouvelle. Dommage pour la retraite du docteur Vieille-et-Ancienne. Elle était douce, prenait son temps, complimentait les enfants, expliquait chaque geste à voix haute. Après tout, quand on te balance un rayon lumineux dans les yeux après deux injections de gouttes qui picotent très fort, c'est pas mal, aussi, d'expliquer. Mais soit : ce sera docteur Jeune-et-Nouvelle.

Elle ne dit pas bonjour, mais passons.

Elle ne s'adresse pas directement à Louise, mais passons.

Elle ne dit rien de gentil, attaque direct sur « Une trisomie, ah là là là il faut bien surveiller, hein », comme si je n'étais pas au courant, mais passons.

Sur ce, elle me dit de forcer la tête de Louise dans l'appareil, de la bloquer, de pousser bien fort sur son crâne et de lui tenir les mains en même temps pour l'examiner. Je la regarde, dépitée : « Elle a horreur d'être entravée, vous savez » (mais en fait, pourquoi me sens-je obligée de préciser ça ? Quel être humain au juste adore être tenu par les mains, les pieds, la tête poussée contre un énorme appareil de métal qui balance des lumières vives dans ses yeux ? Même les masochistes ne sont pas fans).

Et là, en réponse, elle me balance que : « De toute façon, elle va être agitée puisqu'on va lui mettre des gouttes qui piquent les yeux et que les enfants ont horreur de ça. » Puis cette phrase, énorme, fameuse, historique :

« Ça ne va pas être agréable, mais on ne peut pas être à la fois agréable et efficace, madame. On choisit d'être efficace. »

« On ne peut pas être à la fois agréable et efficace. » Mais t'as appris ça où, au juste ? Tu étais en fac de médecine au XXIe siècle ou en formation rapide à l'école des bourreaux de l'Inquisition ? « On ne peut pas », mais est-ce que tu as essayé, au moins ? Est-ce que deux-trois mots gentils, un petit jouet, une caresse, une chanson, un compliment ne permettent pas d'être tout aussi « efficace » en effectuant un soin désagréable ? Est-ce que chaque matin, pour te laver, au lieu de prendre une douche chaude, tu te racles la peau à la limaille de fer pour être plus efficace ?

Moi, ce qui me tue, c'est que tu n'as même pas trente-cinq ans, qu'a priori tu débutes dans ce métier, que tu travailles avec des ENFANTS, et que tu as déjà intériorisé cette phrase que tu vas appliquer au quotidien pendant les trente prochaines années. « On ne peut pas être à la fois agréable et efficace. » Et qu'en conséquence tu as choisi le désagréable.

Eh bien moi, vois-tu, je crois, et j'ai vu ailleurs, que les médecins peuvent faire le maximum pour être efficaces en étant le plus agréables possible. C'est une question de pas grand-chose, d'une toute petite option qui n'est malheureusement pas enseignée partout et qui s'appelle l'empathie.

Louise est repartie, les deux yeux passés au crible, après avoir été entravée des pieds, des bras, les yeux ouverts de force et s'être accrochée à moi comme un petit singe apeuré pendant la demi-heure qui a suivi.

Elle a pleuré dès qu'elle t'a reconnue dans le couloir, parmi les autres blouses blanches. Louise a des yeux qui voient bien, tu nous l'as dit. Merci, docteur. Vous avez été très efficace.

## Noir et blanc : l'équipe de suivi de scolarisation

Si la vie est un grand manège, Louise est repartie pour un tour.

Même lieu, mêmes personnes, un an plus tard : quelques coupes de cheveux, lunettes et vêtements ont changé. Certains ont déménagé, d'autres sont arrivés, mais nous y voilà de nouveau. Nous lançons une seconde réunion pour la scolarité de Louise. Cette fois-ci, ça s'appellera ESS, pour équipe de suivi de scolarisation. Vous vous souvenez ? Il y a dix mois environ, nous étions treize, dont deux parents inquiets, en sueur, autour d'une table au cœur de l'école, pour décider de la future année scolaire de Louise. Le numéro d'année sur le calendrier a changé, et cette fois nous (ne) sommes (que) huit. Mais la table de réunion est la même, les mines de circonstance aussi, les vêtements parentaux un peu moins imbibés de transpiration car tout de même, comme tous les sports extrêmes, on s'y fait.

Démarrez les flonflons, faites tourner le moteur : nous sommes là pour discuter de la seconde année scolaire de Louise. Nous sommes début mars. Le printemps n'est même pas encore officiellement là. Ce grand rassemblement aurait dû se tenir un mois plus tard, mais – est-ce que je vais vraiment vous étonner ? – les parents que nous sommes ont trouvé qu'en cas de souci cela leur laisserait trop peu de temps administratif pour se retourner, et Rémy a usé de tous ses talents diplomatiques avec Mme Épouvantail pour avancer la réunion. (Moi ? Je vous l'ai dit : je ne peux plus lui parler.) Elle est là. Elle ne voulait pas. Donc elle fait la tête et lance la réunion d'un : « Bien. Tout d'abord, je souhaite dire que cette réunion se tient un peu tôt à mon avis, mais bon… » (Bien installés, les parents, à l'aise, là, dans vos chaises de bureau glanés à droite à gauche dans les locaux de l'école ? OK. On déroule.) « Nous sommes ici pour faire le point sur l'année scolaire de Louise et parler de l'an prochain ».

J'essaie de ne pas croiser le regard de la dame – le mien risquerait d'en dire trop long – et dans mon cerveau, j'appuie sur « lecture ». Les notes de l'orgue de barbarie se lancent, dans une ambiance de fête foraine du début du XX^e^ siècle.

Je me souviens de cette pièce de théâtre pas comme les autres, intitulée *Samuel*, du nom de son personnage principal, un jeune garçon porteur de trisomie 21 qui racontait avec humour grinçant et poésie le manège qu'est une vie « normale » avec ce chromosome en plus. Me revient souvent à l'esprit, avec précision, cette scène où la maman de Samuel le voit tenter de monter dans un grand manège, celui de la vie, et s'écrie : « Reste avec moi ! Fais attention ! Y a pas de place pour toi sur le manège ! Y a pas… » mais son Samuel s'élance tout de même.

Le manège a démarré pour un premier tour en septembre et nous avions dégotté une place pour Louise, pas sur la moto – trop dangereux ! –, pas non plus dans la soucoupe volante qui tourne comme une toupie – trop rapide ! – ni dans l'hélicoptère – trop demandé par les autres gosses ! Mais une petite place assise, pépère, dans la deuxième rangée du camion de pompiers, juste sous l'échelle, derrière le costaud qui prend forcément le volant, et pas loin du grand timide. La place de Louise en petite section, avec une AVS individuelle à ses côtés pour l'aider à décrocher quelques pompons. Et ça a bien tourné. Maintenant que le premier tour ralentit, je scrute l'attraction, je compare avec le nombre de gamins qui attendent pour y monter, et je me demande avec angoisse si les forains considéreront que ma gamine y a sa place.

Pour le savoir, il faut que je concentre mon attention et mon regard sur la responsable de la fête : elle. Mme Épouvantail. Cette fois, j'ai un peu plus de bouteille, plus question de venir à ce genre de réunion non préparée. Pas de place pour les émotions, l'objectif est clair et fixé : que Louise conserve pour l'année prochaine le même quota d'heures d'aide humaine que cette année.

Problème : nous avons eu beau déplacer l'Everest pour avoir ces fameuses quinze heures hebdo d'AVS individuelle, elles n'ont été accordées à Louise que pour un an. L'institution veut bien faire une fleur, mais une minuscule, une poignée de pissenlits, pas des brassées de roses rouges.

Si on revient à notre manège, donc, l'idée est de conserver à Louise le même siège dans le camion, avec une accompagnante à côté ou bien une place à l'arrière du bus jaune, va savoir. Mais elle doit conserver son ticket ET sa place assise.

La directrice de l'école prend la parole pour lancer le tour de table, et moi, debout au bord du manège, je regarde la machine ralentir, ma fille me faire coucou depuis son camion de pompier rouge, et je scrute, sourcils froncés, les places potentielles pour le tour à venir.

Ça blablate autour de moi. Je perçois des bribes, mais je suis trop concentrée à fouiller, chercher, m'assurer qu'un « valide » de trois ans ne vienne pas pousser ma grande « handi » de sa place dans le manège. Je les vois, les jeunes parents tout frais, dans les starting-blocks, le premier ticket de leur gosse à la main, le regard sûr de ceux qui n'ont jamais douté de leur présence dans l'attraction.

Des mots provenant de la réunion se glissent jusqu'à mes oreilles au passage : « Progrès indéniables… Louise a beaucoup évolué en très peu de temps… Niveau moteur… elle marche comme un enfant… (hésitation gênée)… enfin, comme tous les autres enfants, quoi ! »

Tiens, tiens ! Du positif ! Il semblerait que dans la voiture à quatre places décorées à l'effigie du Roi Lion, là-derrière, il y ait quelques sièges libres pour ma Louise. Le tour de table continue. AVS, orthophoniste, kinésithérapeute, psychomotricienne, toutes tiennent le même discours. Depuis septembre, Louise ne cesse de progresser, sur tous les plans. Je me rapproche de la caisse du manège : on va le décrocher, ce ticket magique. Mon petit cœur de maman gonfle de gratitude. Elle n'est pas si terrible, finalement, cette réunion. Un sourire se dessine sur mes lèvres alors que j'imagine l'enchaînement des tours de manège, même s'il tourne plus lentement pour elle, même si elle n'accédera peut-être jamais à l'hélico, mais, avec les copains, c'est quelque chose. Ça lui plaît tellement.

Mes deux minutes de rêverie sont interrompues par un silence. Mme Épouvantail vient de poser LA question à la maîtresse :

— Et alors, dans les apprentissages, Louise en est où ? Et comment se positionne-t-on par rapport à la moyenne section ?

— Eh bien... pour résumer, je dirai que Louise est en progrès, en progrès constant, mais un progrès très lent. (C'est la définition même de ce que provoque son handicap, mais je fais taire ma voix sarcastique. On pourrait dire que Louise est trisomique, en quelque sorte ? Tais-toi et reste sage, Caroline !) Quant au reste (elle nous regarde avec gentillesse), excusez-moi, madame et monsieur, mais Louise n'a pas du tout le niveau de petite section actuellement.

Outch. Claque sur la nuque. La vérité dont je suis consciente, mais qui, assenée dans ce contexte, en mode « conseil de classe », me déstabilise un poil. Je vois d'ailleurs du coin de l'œil Rémy se redresser sur sa chaise. On encaisse. C'est la vérité. Ça n'est pas grave. On se fiche du niveau, nous, on n'est pas des maçons qui ont un mur droit à construire. Pas besoin de niveau, Louise n'aura *jamais* « le niveau ». Elle est heureuse pour le moment à l'école, elle progresse, ce doit être tout ce qui compte, peu importe le folklore de l'Éducation nationale. C'est notre pompon à nous, notre jolie queue du Mickey : son sourire le matin en franchissant le seuil de ce bâtiment à drapeau tricolore. Encaissons donc cette petite claque, ça n'est ni la première, ni la dernière, ni certainement la pire.

Alors, on nous le donne, ce ticket ? Quel véhicule ? Il a l'air bien, ce bus peint de fleurs multicolores, ça irait parfaitement à Louise pour la moyenne section. Je pense que…

— Et vous, madame, monsieur, les parents, comment voyez-vous la prochaine année pour Louise ?

Nous ? c'est simple et nous le redisons : nous souhaitons qu'elle continue de fréquenter l'école maternelle, peu importe le « niveau », mais avec toujours autant d'heures d'AVS pour elle, car après ce premier tour de table une chose semble évidente pour tout le monde : elle a besoin de quinze heures d'accompagnement. (Et pan ! J'en profite pour fixer Mme Épouvantail dans les yeux avec un regard mitrailleuse qui dit : « Tu vois qu'on avait raison. ») Pour le reste, nous… petite section, moyenne section… Louise va apprendre, chaque jour, au côté des autres. Simplement, l'an prochain elle aura quatre ans et demi, cinq ans, elle ne fera plus la sieste, donc si elle reste chez les petits : je vous souhaite bien du courage avec elle.

La discussion continue de rouler, pourquoi pas la maintenir (on ne dit plus redoubler) en petite section, elle progressera davantage. Mais d'un autre côté, ne serait-elle pas mieux avec les camarades de son âge en moyenne section ? Certes, mais le fossé va se creuser et elle risque d'être mise en situation d'échec. Je connais déjà par cœur cet enchaînement d'arguments : c'est un peu le même que lors de la question « quatrième année de crèche ou maternelle ? », et surtout c'est celui qui revient dans tous les échanges entre parents d'enfants handicapés. C'est le script écrit à l'avance d'une équipe de suivi de scolarisation. Un classique du théâtre à Handicap-Land, toutes les familles y assistent au moins une fois et on leur offre le livret pour bien suivre les scènes.

Mais tiens, je tique, une des comédiennes du jour semble partie en improvisation libre :

— Mais oui, tout à fait ! À son rythme. Elle pourra faire deux petites sections, deux moyennes sections, deux grandes…

À moi de sortir de mon rôle.

— Je ne pense pas. Excusez-moi, mais il me semble bien avoir lu dans les textes qu'il n'est pas autorisé de faire plus d'un maintien pendant tout le cycle de la maternelle. L'enfant ne peut pas être encore à huit ans en grande section, par exemple.

— Ah… C'est possible. (Mme Épouvantail griffonne.) Il faut que je vérifie les textes. Je le note.

Si on était vraiment au théâtre, j'ouvrirais ici un aparté et je me tournerais vers vous, public, pour murmurer sans que les autres personnages entendent : « Vérifier les textes ? Mais elle rigole ou quoi ? C'est la base de son boulot, la moitié des parents sont au courant et elle me dit, Mme Épouvantail, qu'il faudra qu'elle vérifie les textes ? »

Nous ne sommes pas au théâtre. Je retiens mon soupir, les yeux au ciel, et lui glisse :

— Oui, merci de vérifier. Après, s'il faut, on inscrit Louise administrativement en moyenne section, puis vous aménagez son emploi du temps. Nous ne sommes pas crispés sur le fait qu'elle passe en classe supérieure. Comme nous l'avons déjà dit, l'essentiel nous semble qu'elle puisse conserver une aide individuelle qui la fasse progresser et qui lui est, à ce stade, encore indispensable.

La maîtresse renchérit :

— Oui, c'est évident. Son AVS l'aide énormément, et elle m'aide aussi. Vous savez, les jours où elle est absente, je suis obligée de modifier l'emploi du temps de toute la classe pour Louise.

Deuxième claque sur la nuque. Il est perfide, ce coup-là. Il va résonner très fort, notamment deux jours plus tard, quand, à l'occasion d'une grève des enseignants contre une énième réforme scolaire, je lis dans un tract une phrase dénonçant « l'obligation d'intégrer des élèves porteurs de handicap sans moyens supplémentaires ». Je me sens trahie, ce jour-là. Votre raisonnement est à l'envers ! ai-je envie de hurler. Le problème, ce n'est pas l'enfant handicapé que vous êtes « obligé » d'accueillir. C'est le manque de moyens pour accueillir chaque enfant, *y compris* ceux qui ont un handicap. Ou la fois où l'on m'a demandé si je pouvais garder Louise à la maison un matin d'absence de l'AVS, « pour soulager la maîtresse ». Soulager.

Je me bloque devant la caisse du manège. La réunion se poursuit, consensuelle en apparence. Oui, Louise restera à l'école, oui, Louise conservera en théorie ses heures d'aide humaine, oui, elle sera inscrite en moyenne section. Mais je viens d'entrevoir à quelle place elle continuera de tourner, dans ce grand manège de l'école. Je ne l'avais pas encore aperçue. Elle existe. À côté des sièges du bus, à l'arrière, il était là, replié, attendant les enfants comme Louise. Elle tournera, heureuse tant qu'elle peut parce que c'est Louise, mais dans le bus à fleurs de l'Éducation nationale, voilà sur quoi elle s'assiéra : un strapontin.

## Jaune soleil : la cuillère

Je devrais le savoir. On me l'a répété. Je devrais m'y attendre et me reposer en toute confiance sur cette certitude. Louise fera. Elle va à son rythme, mais elle fera.

Et pourtant, il y a dans le cerveau humain – ou bien est-ce uniquement dans le mien ? – une part qui n'intègre pas cette confiance bienveillante. À la place, il sème des doutes. Il les arrose avec le temps qui passe. Sur le terreau des questions sans réponses, des normes anormales, il fait pousser des « toujours » et des « jamais », à force d'habitudes, à force du quotidien. Il est des choses que je préfère prendre pour acquises, juste parce que guetter le changement, c'est risquer la déception et la fatigue. Alors mon cerveau fait pousser des toujours et des jamais. Même sans en être conscient. Mais quand Louise vient piétiner ces plates-bandes de certitudes, écraser de ses semelles pointure 23 mes belles rangées de « pessimistes » (plante grasse à fleurs grises) et de « dépitées » (cactée très résistante), c'est un orage qui vient foutre en l'air mes laides plantations.

Comme ce soir.

Ce soir comme plein d'autres soirs, c'est la fête de la routine, le carnaval du quotidien, la fanfare de « la tête dans le guidon » de la vie familiale. Rentrer de l'école, jouer, prendre le bain, mettre le pyjama, donner à manger à Louise avant notre repas, et ensuite dîner, mettre Paul au lit avec un bouquin, remettre Louise au lit quatre à six fois avant qu'elle accepte le principe que non, elle n'a plus rien à faire dans le salon avec ses parents, sonner l'extinction des feux, endurer « un verre d'eau », « j'ai envie de faire caca » et « j'ai oublié de vous dire, pour demain », profiter de vingt minutes entre adultes et aller se coucher.

Milieu de cette séquence quotidienne, je donne à Louise des cuillerées de plats mixés tout en discutant avec Rémy. Comme chaque soir de chaque mois des quatre années écoulées, je donne à manger à Louise. Elle a quatre ans passés, mais rien à faire, malgré la bonne volonté de l'orthophoniste et nos ruses de Sioux de parents, elle ne mange pas toute seule. Tout juste si elle veut bien, ces derniers temps, tenir la cuillère avec nous quand on pioche dans l'assiette. Auparavant, elle en retirait la main comme si elle venait de se brûler. Inexplicable, incompréhensible pour moi. J'ai préféré, je crois, arrêter d'espérer pour ne pas être déçue et, quelque part, la voix sadique susurre : « Tu vas passer ta vie à lui donner à manger… Personne n'ose te le dire mais elle n'y arrivera jamais. »

On finit donc par agir en « pilote automatique », et en pleine discussion avec Rémy sur un sujet fascinant tel que « C'est quel jour que passent les encombrants, déjà ? » ou autre « T'as rappelé ta mère, au sujet des vacances ? », je pose la cuillère, emportée par la discussion, et lâche totalement du regard ma Louise.

Absorbée par la conversation, je ne remarque d'abord pas ce mouvement, cette tache bleue à l'extrémité de mon champ de vision, qui se met à bouger alors qu'elle ne devrait pas. Là, enfin, un coin de mon cerveau envoie un message au poste de contrôle : détection mouvement inhabituel. Danger potentiel ? Prière de pivoter la boîte crânienne et vérifier de toute urgence.

Je tourne la tête, vérifie ce qui se passe – normalement : rien, c'est comme ça depuis des années, que voulez-vous qu'il se passe, Louise attend que je continue à lui donner à manger, au pire elle va râler et, d'ici quelques minutes, tirer sur ma manche pour me choper la main et la coller sur sa cuillère, je ne vois rien d'autre qui…

— Oh bon sang !

Je cesse de parler. Surtout ne pas crier, ne pas faire de bruit, tourner la tête vers Rémy pour vérifier que ce que je vois n'est pas une hallucination. Il ne faudrait pas, oh non, je ne pourrais pas, me réjouir pour rien. Je le regarde, et c'est confirmé, il est témoin de la même scène que moi, vu sa tête : bouche ouverte, yeux écarquillés, sourcils qui vont toucher le plafond, il n'y croit pas plus que moi. Silence total dans le salon. Je retiens ma respiration, pour voir si ce dont nous venons d'être témoins va se reproduire. Réflexe de parent du XXI^e^ siècle, en silence, je fais glisser mes doigts jusqu'à mon portable et j'allume la fonction caméra.

Pas possible.

Elle ne va pas le refaire.

Et pourtant.

Louise, un peu de purée sur le menton et cuillère dans la main gauche, le refait. Elle plonge le couvert dans son assiette, le porte à sa bouche. Avale. Replonge la cuillère. Fait tomber au passage des bouts de pomme de terre sur son tablier bleu pare-bouffe, mais peu importe. Elle peut bien en mettre partout, je m'en fous, parce que là, je ne rêve pas et je le filme, car il faut partager cela, c'est trop énorme, mieux qu'un doublé à la Coupe du monde de football, mieux qu'un prix Nobel : Louise mange seule !

Bip bip du portable qui a terminé de filmer. Je romps le silence et, à la troisième cuillère, alors qu'elle vient de tout reposer sur la table, je laisse sortir ce qui n'attendait que mon autorisation et la fin de mon souffle coupé : « Braaaaavo Louise ! »

Paul arrive de sa chambre en courant : qu'est-ce qui se passe ? Louise a mangé toute seule. Bravo, bravo ! Et voilà la famille en délire, debout dans le salon, à applaudir et chanter pour une petite en tablier bleu assise devant une assiette de purée. La principale concernée nous regarde, interloquée, mais ne met pas longtemps à nous décocher son sourire immense et à applaudir elle aussi. « Ouaiiiis, ouaiiiis, bravoooo ! »

J'en ai les yeux qui brillent. Alors ça y est, ça arrive, vraiment. Elle le fait. Un horizon infini s'ouvre devant moi. Elle va manger seule. Le soulagement est indescriptible. Ce soir, je suis plus fière que les mamans de Zidane ou Mbappé réunies. C'est ma fille ! Et elle mange seule ! Elle va le faire. Elle va tout faire. Comme elle a finalement marché, comme elle a finalement eu des dents, comme elle dira un jour des mots. Au moment où elle sera prête et pas avant, le jour où elle en aura envie, et pas autrement. C'est elle qui décide, elle qui mène, et tant pis pour tous ceux qui hésitent à sa place et mettent des bâtons dans ses jolies petites roues si lentes. Tant pis pour moi si je doute, si je flanche ou si je m'impatiente. Elle me remet à ma place. Je suis là pour lui tenir la main quand elle en a besoin, la lâcher quand il faut et savoir l'accueillir de nouveau à bras ouverts si ça ne va pas. Pour tout le reste, je dois la laisser faire. Elle sait. C'est sa vie, c'est son tempo, c'est sa magie.

C'est la fée Louise.

C'est l'effet Louise.

## *Épilogue*

Huit mois après la cuillère magique, qui fait croire que le pire est passé, que « tout va bien aller » maintenant, que Louise est sur des rails et nous aussi.

Huit mois, un déménagement, une nouvelle région, une nouvelle maison – celle du « bonheur », évidemment –, un jardin, de l'espace, la mer pas loin, une nouvelle ville, une nouvelle vie.

Une nouvelle école. La moyenne section de maternelle.

Quatre premières semaines de scolarité.

Une convocation dans les bureaux de l'inspecteur de circonscription.

Et au retour, sonnée, abattue, cette nouvelle lettre que je t'adresse, ma Louise.

« Mon petit monstre, *my little monster*, comme dit Lady Gaga, l'une de tes chanteuses préférées,

Je rentre d'une énième réunion où l'on m'a parlé de toi. Tu es pendue au cou de la baby-sitter, cette jeune femme que tu ne connais que depuis quatre jours. Elle doit rentrer chez elle. Tu lui tiens fort la main et tu fais le signe "au revoir". Tu ne parles pas, et tu n'avais jamais encore signé ce mot. Elle fond, s'exclame : "Oh, elle est adorable" et te fait un gros câlin.

*Le monsieur lit ses notes manuscrites. Il les récite,*

*comme un texte qu'il découvrirait pour la première fois. "Louise tire les cheveux, elle jette des objets en permanence, notamment en direction de ses camarades. Louise se jette sur les autres enfants. Elle a des comportements violents."*

Mon petit monstre. C'est ainsi qu'il a parlé de toi.

Je traverse la cour de l'école avec toi ce matin, pour rejoindre ta classe. J'entends une voix fluette crier "Louise ! Louise !". Je me retourne. Une petite fille, queue-de-cheval et manteau rose, nous fait de grands signes. Je la reconnais : elle est en grande section. C'est elle qui, hier soir, est venue me voir, toute fière, pour me dire : "Moi, j'aime bien m'occuper de Louise à la récréation. On lui chante des chansons, elle fait des gestes avec les mains. J'aime bien m'occuper des petits." J'étais heureuse pour toi, ma fille. De nouvelles copines.

*Le monsieur s'accroche à son cahier.*

*— C'est compliqué quand l'AVS de Louise n'est pas là. Elle n'a que quinze heures de présence, mais dès qu'elle part c'est dur. Pour votre fille, pour la maîtresse, pour les autres enfants aussi… (regard lourd imbibé de culpabilisation). Eux aussi ont droit à la meilleure attention possible. Or, avec Louise, c'est impossible.*

Mon petit monstre.

Dans ta chambre trône le tambour que tu as reçu en cadeau de départ, l'été dernier, quand nous avons déménagé. De la part de toute l'équipe d'animation périscolaire dont tu étais, il faut l'avouer, la chouchoute et la mascotte. L'équipe qui m'avait mis du sel dans les yeux en me racontant que ta présence faisait du bien à tout le monde, que tu adoucissais les gros durs de cour de récré, que ça se battait pour être celui ou celle jugé assez responsable pour porter ton cartable ou te tenir la main pour t'aider à aller jusqu'à la cantine.

*Le monsieur relève la tête de son cahier.*

*— Donc si nous sommes ici ensemble – parce que je crois que nous sommes tous d'accord : la situation est problématique –, c'est pour trouver une solution au mieux pour le bien de Louise.*

*J'attends qu'il nous donne la date de cette fameuse réunion ESS que nous espérons, la maîtresse et nous, pour demander LA solution : davantage d'heures d'aide humaine pour toi, mon petit monstre.*

*— Ce que nous pensions vous proposer, c'est donc d'adapter la scolarité de Louise au temps de présence de son AVS. Et puis de réadapter, au fil des mois, petit à petit.*

*— Pardon ? Vous nous proposez de garder Louise à la maison quand son AVS est avec d'autres élèves, c'est cela ?*

*— Non ! Je n'ai pas dit les choses comme cela. Je propose d'aménager le temps de scolarité de Louise sans AVS, puis de le rallonger au fur et à mesure.*

*— Pour être bien clairs : Louise n'irait pas à l'école quand son AVS n'est pas là, autrement dit neuf heures sur vingt-quatre dans la semaine ?*

*— … Oui.*

*— …*

*— …*

*— Louise est inscrite à l'école et elle y va à temps plein. Parce que c'est son droit, sans oublier que cette année la maternelle est même devenue obligatoire. Donc Louise y va.*

*— … Nous savons bien entendu, que vous êtes du côté du droit, MAIS…*

Mon petit monstre.

Tu es dans ta chambre et tu danses. Tu te trémousses, c'est ta passion. Henri Dès, Madonna, David Guetta, tout y passe. Tu souris. Tu rigoles. Tu ignores encore tous ces "MAIS" qui t'entourent, ces gens qui te scrutent et ont peur de toi.

C'est vrai que tu es effrayante. Quatre-vingt-dix-neuf centimètres, quinze kilos, vingt dents de lait, des mains qui caressent, qui tapent et tirent aussi, mais rien qui ne résisterait à un bon accompagnement pour t'apprendre que non, ça ne se fait pas. Pour t'apprendre aussi à marcher en rang, dessiner un bonhomme patate, déchiffrer un jour tes premiers mots. Mais pour bien le faire, il faut payer, tu sais, verser des salaires de misère à des personnes qui font le travail merveilleux d'accompagner des enfants comme toi vers la vie "ordinaire". Et ces 800 euros mensuels, pour le monsieur et ses comparses, c'est trop.

À croire que tu ne les vaux pas, mon petit monstre. Alors ça arrangerait tout le monde que tu rentres chez toi. Dans ta petite case de monstre.

Ils vont essayer. Nous allons dire non. Nous aurons mal, très mal. Et puis ça ira mieux, et l'année d'après, ça recommencera. Je viens de comprendre que ce sera ça, ta vie, notre vie. Il va t'en falloir, des sacs de ta magie, de ton Effet Louise, mon petit monstre. Danse, tourne, ris, souris. Il faudra bien cela. »

# REMERCIEMENTS

Merci à ma famille, mes ami.e.s, celles et ceux qui nous soutiennent au quotidien et qui m'ont persuadée que c'était une bonne idée de raconter ce drôle de chemin vers l'école.

Merci à Virginie, avec qui je me félicite d'avoir de nouveau travaillé et ratiboisé avec le sourire les premières versions du texte. Un « petit » plaisir.

Merci à Sylvie Delassus d'avoir cru aussitôt et avec enthousiasme en ce projet.

Merci à Rebecca, Fanny, A-C, mes primo-lectrices et meilleures coaches face à l'angoisse de la page blanche ou ratée.

Merci à Rémy d'être là au quotidien, dans les livres et dans la vraie vie, en plus d'être un père formidable pour Paul et Louise.

Merci aux Nadia, Véronique, toutes ces personnes rencontrées sur le chemin de Louise, ces grands accélérateurs de bonheur. C'est grâce à vous qu'elle avance et que nous ne baissons pas les bras.

Et enfin merci aux lectrices et lecteurs qui encouragent, partagent, « likent », soutiennent… Vous êtres très, très, *très* chers à mon cœur.

# Table

De la même auteure :

*Juste un peu de temps,* Stock, 2018.
*La vie réserve des surprises,* Fayard, 2016.

PAPIER À BASE DE FIBRES CERTIFIÉES

Le Livre de Poche s'engage pour l'environnement en réduisant l'empreinte carbone de ses livres. Celle de cet exemplaire est de :
200 g éq. $CO_2$
Rendez-vous sur www.livredepoche-durable.fr

Composition réalisée par MAURY-IMPRIMEUR

Achevé d'imprimer en mars 2021, en France sur Presse Offset par
Maury Imprimeur – 45330 Malesherbes
N° d'imprimeur : 252490
Dépôt légal 1re publication : mars 2021
LIBRAIRIE GÉNÉRALE FRANÇAISE – 21, rue du Montparnasse – 75298 Paris Cedex 06

47/0818/1